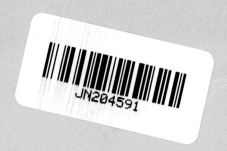

新版

行政学の基礎

Basics in Science of Public Administration

風間規男［編著］
Kazama Norio
岡本三彦
Okamoto Mitsuhiko
中沼丈晃
Nakanuma Takeaki
上﨑 哉
Uesaki Hajime

一藝社

まえがき

近年、マスコミを通じて、日本における「行政の劣化」を実感させる事件がたくさん報道されている。官僚の汚職、公文書の偽造や情報隠し、国会での虚偽答弁や「忖度《そんたく》」など、不祥事が伝えられるたびに、行政に対する国民の失望感は強まっていく一方である。しかし、行政を中心につくられる政策や行政を通じて提供されるサービスは、われわれの生活に深く関わっており、人生に決定的な影響を及ぼすものもあるという事実を忘れてはならない。

市民生活を営んでいくのに必要な資質・能力を身につけるための「シティズンシップ教育」の重要性が最近いわれるようになった。官僚の行動を厳しく監視し、政策の失敗に批判の目を向け、行政の改革に思いを巡らすこともまた、シティズンシップの大切な要素であり、行政について知ることは、市民が行政との間で健全な関係を築いていくうえでの出発点となる。

本書は、行政学をはじめて学ぶ人に向けたテキストである。企画段階でイメージしたのは、すでに絶版になっている辻清明著『行政学概論 上巻』である。活字が大きく、120頁程度の冊子といってもいいもので、下巻はなぜか出版されないままであったが、行政学のエッセンスがぎっしりと詰めこまれた本だった。ある世代以上の学生は、行政学を学ぶ際に必ずこの本を手にし、これを頼りに行政学の深い森に入っていったものである。

一方で、行政学は、公務員試験科目になっており、学問の全体像を紹介するのも、この種の本に課せられた責務であろう。ただ、書店に並んでいる行政学の教科書を手にとってみればわかるように、本によって目次の構成はバラバラで、取り上げている内容も大きく異なっている。行政学には、ここまでが行政学の扱う領域といった明確な境界線が存在しない。大学教育の現場で、行政学者は、思い思いの問題意識をもって講義を行っているのが実情である。

このように、行政学が広がりをみせる中で、そのエッセンスを伝える教科書をつくる作業は、当然のことながら困難をきわめた。行政学の豊富な研究の蓄積を反映するように、結果的にかなりの分量となってしまった。初学者にとって道標となることを期待し、できるだけ平易な表現を用いて、行政学の基本的な発想や学問としての魅力が伝わるように心がけたつもりである。

本書は、ここに新版を出版することとなった。初版を公刊してから11年の歳月が経過している。その間、政治家と官僚の関係に決定的な影響を及ぼした内閣人事局の設置をはじめとして、行政を研究する上で注目すべきいくつかの重要な変化が起こった。教科書は、対象の変化に応じて記述内容を改訂していくのが理想だと思うが、そのタイミングをはかりかねているうちに、これだけの時間が流れてしまった。事実と記述内容の間に違いが生じてしまうこととなり、各方面にご迷惑をおかけしたと思う。この場を借りて、お詫びしたい。なお、本版から、出版社の提案に応じて、読みやすさを考慮して、縦書きから横書きに変更している。

末筆とはなったが、執筆者の共通の恩師である片岡寛光先生、故・寄本勝美先生、それから教科書執筆の機会を与えてくださった藤井浩司先生に、心より感謝をささげたい。

2018年7月

編著者　風間規男

もくじ

まえがき　3

第1章　「行政」とは何か

1　行政学の特徴　11
2　行政法学における「行政」の定義　13
3　行政学における「行政」の定義　15

第2章　行政国家化現象

1　行政国家とは何か　18
2　国家の役割の拡大　19
3　行政権力の拡大　23

第3章　ドイツ官房学・シュタイン行政学

1　ドイツ官房学　26
2　ロレンツ・フォン・シュタインの行政学　29

第4章　現代行政学の誕生

1　猟官制の破綻　33
2　科学的管理法の影響　35
3　ウッドロー・ウィルソンの行政学　36
4　フランク・グッドナウの行政学　38

第5章　正統派行政学

1　経営学の影響　40
2　技術的行政学の隆盛　41
3　ルーサー・ギューリックの行政学　43

第6章　機能的行政学

1　正統派行政学批判　47
2　機能的行政学による批判　49
3　行政学の存立の危機　55

第7章　組織の理論

1　チェスター・バーナードの組織理論　57
2　ハーバート・サイモンの組織理論　61

第8章　官僚制の理論

1　マックス・ウェーバーの官僚制理論　65
2　官僚制の病理　68

第9章　政策過程の理論

1　政策科学とＰＰＢＳ　73
2　政策形成・決定の理論　76
3　政策実施の理論　79

第10章　行政統制・行政責任の理論

1　行政統制と責任論争　82
2　伝統的な行政統制手法　85
3　新しい行政統制の仕組み　86

第11章　議院内閣制（1）国会と内閣

1　国会による行政統制の概要　90
2　決定権的統制　91
3　執行・運営統制　93

第12章　議院内閣制（2）内閣の組織と機能

1　内閣の構造　98
2　内閣総理大臣の役割　100
3　内閣の役割　105

第13章　国家行政組織

1　内閣の補佐機構　107
2　行政機関の構造　113
3　各省の構造　115

第14章　中央政府の意思形成過程

1　官房系統　120
2　予算編成過程　124
3　法案作成過程　128

第15章　公務員の採用と管理

1　日本の国家公務員　131
2　２つの採用・管理システム　134
3　日本の採用・管理システム　136

第16章　官僚と政治家

1　人事をめぐる関係　140
2　政策をめぐる関係　142
3　政官関係論　145

第17章　行政活動の分野と手段

1　行政活動の範囲　147
2　行政活動の分野　148
3　行政活動の手段　150
4　行政活動の評価　153

第18章　市民による行政統制

1　市民による行政統制の方法　157
2　パブリックコメント　159
3　情報公開　161
4　行政相談　164

第19章　行政と民間の役割分担

1　「小さな政府」の追求　167
2　日本の行政改革と「小さな政府」　169
3　日本の構造改革における民営化と規制緩和　173

第20章　地方自治の基礎

1　地方自治の本質と価値――地方自治の必要な理由　175
2　日本の地方自治の歴史　177
3　地方自治の制度と構造　181

第21章　地方政府としての自治体

1　自治体の議事機関　183
2　自治体の執行機関　185
3　行政委員会、監査委員、オンブズマン　187

第22章　自治と参加

1　参政権と直接請求　189
2　住民参加と住民投票、住民発議　192
3　住民自治組織――自治会・町内会と新たな地域組織　196

第23章　自治体の財政

1　歳入――自治体の収入　198
2　歳出――自治体の支出　201
3　国と地方の財政関係　203

第24章　最近の地方自治の動向

1　市町村合併と道州制　205
2　自治体と行政改革　209
3　都市制度と都市問題　211

索引　214
編著者・執筆者紹介　219

第1章

「行政」とは何か

1　行政学の特徴

▶行政学と政治学

現代行政学は、アメリカの政治学者ウッドロー・ウィルソンが1887年に発表した１つの論文「行政の研究」によって成立した。行政学者の西尾勝は、行政学を「公的な官僚制組織の集団行動に焦点を当て、これについて政治学的に考察する学」であると説明している。たしかに、現在、行政学の担い手の多くは、政治学者も兼ねている。

このように、政治学は、行政学とかなり関係が深い学問であり、行政学は、政治学の一部として認識されることも多い。その一方で、公務員試験では、政治学と行政学は別の科目として設定されている。行政学の歴史を振り返ってみると、政治学だけではなく、経営学や社会学からも同じ程度影響を受けてきた。いまのところ、行政学を政治学の一部であると、簡単にはいうことができない状況にある。

政治学と行政学に違いがあるとすれば、それは学問の成り立ち方の違いである。政治学・経済学・法律学などの伝統的な学問には、学問固有の「物の見方」がある。政治学を例にとろう。政治学の教科書を開いてみればわかるが、研究対象は広く多彩である。核軍縮、テロや貧困などをめぐるグローバルな政治の研究、大統領や総理大臣のリーダーシップや国政選挙など国内政治の研究、まちづくりや地域の環境問題など地方で展開される政治の研究など、すべて政治学の対象である。一見共通項がないような対象を研究している人たちが、なぜ自分たちを政治学者だと考えるのかというと、政治学者として共通の「物の見方」をもって現象を扱っているからである。政治学に共通する「物の見方」が何であるかを一言でいうのは難しいが、「権力」の所在や行使に注目して現象を観察するのが政治学者である。同じように、経済学者は、「財の流れ」に注目する経済学固有の視点から、法律学者は、いわゆる「リーガルマインド」をもって、現象を観察し評価しているのである。

▶行政学は開かれた学問

ところが、行政学には、学問を学問として成立させるような固有の「物の見方」がない。逆説的であるが、固有の「物の見方」がないというところが、行政学の特徴なのである。本書で説明する行政学の歴史を読めばわかるように、行政学は、学問固有の「物の見方」に対するこだわりを捨て、さまざまな学問分野で使われている方法を貪欲《どんよく》に採用して発展してきた。そのため、「行政」を政治学的に研究する人、経済学的に研究する人、経営学的に研究する人、法律学的に研究する人、心理学的に研究する人もいる。行政の研究を目的とするならば、どのような学問的な背景をもっていても歓迎される。その意味で、行政学は「開かれた」学問である。

学問の成り立ち方としては、「地域研究」に近いかもしれない。たとえば、アジアのある国を研究する場合、政治体制、法制度、経済発展の状況、言語・文化・宗教など、多角的に検討が加えられていく。１つの学問領域に固執して、現象を一面的に捉えようとすると、大切な要素が抜け落ちてしまう。ある学問領域に軸足を置くにしても、さまざまなアプローチを動員して研究を進めていった方が、質の高い研究成果を得ることができる。

[図表１‐１] 行政学の開放性

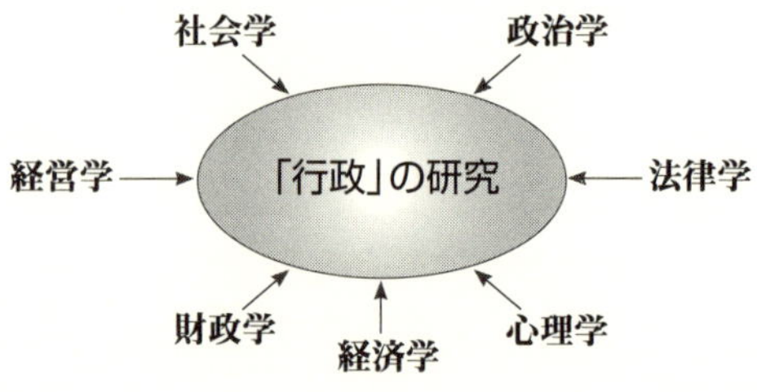

最近、このように特定の学問的な物の見方にこだわらない「学際的な」学問が注目されている。全国で学部がたくさんつくられている「政策学」や京都検定が行われている「京都学」などは、いい例であろう。行政学は、その先駆をなすものである。

▶ 行政学の目的は「改革」

現代行政学は、19世紀末にアメリカで成立した。第４章で解説するように、当時のアメリカにおける行政は、完全に行き詰まっていた。それを改革する学問として、期待を一身に受けて登場したのが現代行政学である。つまり、行政学は、「行政を改革する」という明確な目的をもって成立した学問である。

その意味では、行政学は、「臨床医学」に近いともいえる。医学の世界で、患者の治療をするためには、まずその人の身体や症状を診断して、病気の原因をさぐる必要がある。これと同じように、行政学では、まず行政の仕組みや動きを知る努力をして、問題が発生してくるメカニズムを明らかにしようとする。さらに、それに満足するのではなく、最終的には、病気でいえば治療に当たる「行政の改革」につなげていくという使命を負っている。

以上のように、行政学は、行政の実態に迫り、行政を改革するのに役に立つ研究手法をいろいろ動員して、複眼的に研究する実践的な学問である。

2　行政法学における「行政」の定義

▶ 「行政」概念のやっかいさ

改革を目的として「行政」を研究する行政学にとって、「行政が何であるか」をはっきりさせておくことは、とりわけ重要である。研究対象としての行政が明確ならば、研究方法が違っても、行政学のフィールドで研究しているという自覚がもてるからである。

しかし、誰もが納得できる形で「行政とは何か」を定義するのは難しい。国や地方の役所が「行政」という名のもとに行っている具体的な活動内容は、多彩で広範囲に及んでいる。しかも、行政活動は、役所だけでなく、特殊法人や第三セクターなどの半官半民の組織、役所から委託を受けている民間企業やNPO（民間非営利組織）、場合によっては住民が担うこともある。行政活動と民間活動の境界も実はあいまいで、グレーゾーンが大きい。

行政を定義するという困難な作業に、かなり古くから取り組んできたのが行政法学である。行政法学による行政の定義は、基本的には、モンテスキューが『法の精神』において展開した立法・司法・行政の三権分立関係を前提として、国家の統治機構の中で行政をどのように位置づけるかに主眼が置かれている。

▶控除説

驚くべきことに、行政法学で広く受け入れられてきた行政の定義は、「国家作用のうち、立法と司法を除いたもの」という見解である。行政を積極的に定義するのではなく、引き算をして行政という概念を浮かび上がらせようというもので、これは「控除《こうじょ》説」といわれる。立法は、国民の権利義務に関する規範（法規）を定立する作用をいい、司法は、法主体間の争いを訴訟手続きによって処理する作用をいう。立法は法をつくること、司法は裁くことというように、比較的イメージがわきやすいので、まずは立法・司法の概念を明確にして、それ以外の国家の作用を「行政」としたのである。

これは、絶対王政において国王のもとに統合されていた支配権から、まず司法権が独立・分化し、やがて立法権が等族会議や国民議会によって担われるようになったという歴史的な経緯を踏まえたものである。とはいっても、控除説は、行政の定義を避けていることにかわりなく、行政とは本質的にどのようなものであるかという問いかけは放棄されている。

▶積極説

行政法学者の中にも、果敢に行政を定義しようとする人たちがいる。たとえば、E・フォルストホーフは、行政とは「法律の範囲内において、法に基づいてなされる未来への継続的な社会形成活動」であると述べている。この見解を発展させたのが田中二郎であり、「法の下に法の規制を受けながら、現実具体的に国家目的の積極的実現をめざして行われる全体として統一性をもった継続的な形成的国家活動」であると定義している。かなり難解な定義であるが、要は社会のあり方や国民の生活を、未来に向けて国家が望む方向に導き、形成していく活動が行政の本質であるという認識である。そこには社会や集団に対して「政策」を展開するというイメージが含まれ、福祉行政と福祉政策、環境行政と環境政策などがほとんど同じ意味で使われている現状にも合っている。

積極説で共通しているのは、行政は、法のもとで展開されるという認識である。これを「法律による行政」の原理という。法治国家において、行政活動が、議会の制定した法律を根拠とすることなしに自由に展開されることがあってはならない。そのような意識をもって、行政が把握されているが、第２章で説明するように、官僚が法律の内容に多大な影響を及ぼし、広い裁量をもつ行政国家化が進行する現在にあっては、リアリティが失われつつある。

3　行政学における「行政」の定義

▶政治と行政の分離論

欧米では、もう１つの行政概念の系譜がある。それは、「政治」との関係で行政を捉えようとするものである。その場合、行政は、職業的な官僚が展開する活動を意味する。一方、行政とセットで認識される政治は、国民の代表者である政治家や政党が議会を中心に行う活動である。

ここで重要なのは、政治と行政では、活動原理が違うという認識である。政治家は、価値観やイデオロギー、党派間の駆け引きによって行動するのに対して、官僚は、専門性やルールに基づき、特定の価値観に左右されることなく活動することが期待される。行政は、政党によるイデオロギー的な支配からは自律した特有の活動原理をもつものとして捉えられる。

アメリカで成立した初期の行政学では、この系譜を受け継ぎ、常に行政は政治との関係で理解されてきた。統治システムを構成する政治と行政という二つの要素は本質的に違うものであり、政治は、価値観が支配する不合理な世界であるが、行政は、合理性が支配する世界で、科学的に分析することができると主張された。このような考え方を「政治と行政の分離論」と呼ぶ。政治とは異なった原理で活動する「行政の領域」が存在し、それを研究するのが行政学であると主張することで、行政学という学問の固有性をアピールしようとしたのである。

▶行政の機能的な理解

アメリカで成立した当初の行政学は、政治家が行うことが政治であり、官僚が行うことが行政であるというように、主体と行為は一致するものであると、比較的シンプルに考えられてきた。しかし、政治と行政の関係を「機能」から把握しようという研究者たちもいた。たとえば、政治を「政策の形成」、行政を「政策の実施」と捉える。このように定義をすれば、官僚でも、政策の形成にかかわっている時間は、政治を行っていることになる。

しかし、われわれが行政と聞いてイメージする役所では、明らかに政策の実施以上のことが行われている。特に、政策の開発や利害関係者の調整といった役割は、自治体行政の重要な部分を占めており、行政学の研究対象としての「行政」を政策の実施に限定するのには問題がある。

▶経営管理としての「行政」

行政は、英語で「パブリック・アドミニストレーション（public administration）」という。アドミニストレーションとは、経営の世界では「管理」を意味する。行政サービスを提供したり、規制を行ったりするのも、広い意味での行政であるが、そのような行政活動を有効かつ能率的に展開できるように、組織の中で人事や財政といった内部管理を行うのが狭い意味でのアドミニストレーションであり、その部分が行政学の「核」となる研究対象であると主張される。

このような発想は、行政といえば当然にパブリックなアドミニストレーションであると認識する日本では、かなり違和感がある。しかし、政府も企業も組織を通じて活動を行っていることにはかわりなく、政府活動にも民間で開発された管理の手法を導入できるという発想は、同じアドミニストレーションという言葉を使用する英語圏では、自然に受け入れられる。

特にアングロサクソン諸国において、行政と管理を同一視する立場は現在でも有力である。ただし、行政機関と民間企業との間の共通項を探り、行政の改革に生かしていこうという考え方は、学問上の戦略としては理解できるが、行政を行政機関の内部管理であるとし、そこに行政学の研究対象を限定するのには無理がある。

▶パブリック・マネジメントとしての「行政」

行政学者の辻清明は、広義において行政とは「社会集団の目的を実現する手段としての行動または過程」であると定義している。この社会集団には、国・自治体、企業なども含まれる。日本語で「行政」という場合には、公行政を意味し、公行政は、「公政策を実現するための行動または過程であり、体系的な組織を通じて日常の政府活動をおこなう公務員の集団的作業」であると定義している。この定義は、行政法学の積極説に近いニュアンスが込められているが、法ではなく政策といっている点で、立法との関係にもう少し距離があり、体系的な組織を通じて公務員が行う作業であるという点に、公行政の特徴を見ている。

片岡寛光は、行政を「公共目的を追求するための集合的な営為」であるとしている。この定義は、行政を「高度の合理性をもった協働的な人間の努力の１つのタイプ」と定義したD. ワルドーに近い。行政とは、私的な目的ではなく、公共の目的を追求するものであること、個人的な行為ではなく人間の集合、組織の集合を通じて「営まれるもの」であるという点が強調される。

このような活動を「行政」という言葉で表現するのは、日本人の語法と少しズレがあるかもしれないが、最近主張されるようになった「パブリック・マネジメント」という言葉に近い意味を内包しており、行政学の世界で現に研究されている内容を表現している。

▶行政学の対象は「役所」

以上述べてきたように「行政」という言葉は実に多義的であり、時代によって、行政の意味は推移している。まず出発点となるのは、行政の場である「役所」である。国際機関、国の省庁、都道府県・市町村の組織が行政学の主たる研究の対象であり、ここで営まれる活動をさしあたり「行政」であると考えるのがわれわれの行政イメージに一番近い。役所では、単に法律を執行したり、政策を実施したりするだけではなく、法律や条例の検討が行われ、政策が開発され、利益の調整が行われている。このような活動はすべて行政学の研究対象である。

しかし、「役所」だけが行政学の研究対象ではない。国と地方の関係といった行政組織相互の関係、官僚制と政治の関係、官僚制と民間部門、官僚制と国民・住民の関係も重要である。行政学では行政を、そのような関係の中で捉える必要性が認識され、研究が行われている。

［風間規男］

第2章

行政国家化現象

1　行政国家とは何か

▶行政国家化現象

現代の国家の特徴は、いろいろな言葉で表現することができる。その中で、行政学が最も注目するのは、「行政国家」としての側面である。行政国家とは、「権力の中心が立法部門・司法部門から行政部門に移行するプロセスにある現代国家」をいう。

この行政国家の進展には、国家の役割の増大が深く関係している。20世紀以降、多くの現代国家は、「福祉国家」の道を歩んだ。国家が提供するサービスは、「ゆりかごから墓場まで」、つまり、市民生活の深いところまで浸透している。国家の役割が拡大するにしたがって、行政の仕組みは、どんどん複雑化し高度専門化していく。官僚は、政策に関する高度な知識を身につけ、膨大な組織力を背景にして、政策の形成過程にもかかわり、国家の重要な決定に主導的な役割を果たすようになる。本来、法律は、議会において制定されるべきであるが、実際には、議員が提出して審議する法案は少なく、官僚が作成し政府が提出する法案の数が増大し、議会では法案の実質的な審議が行われなくなっていく。

このようなプロセスを通じて、行政権が立法権・司法権に優越するようになっていくのが行政国家化という現象である。

▶ 行政国家化がなぜ問題か

行政国家化の進行を放置することは、われわれの社会にとって望ましいとはいえない。

第1に、民主主義の観点から見た場合に大きな問題を含んでいる。民主主義社会において、行政は、何よりも国民に奉仕するために存在している。それを保障するのは、政治家の存在である。われわれの代表者である政治家たちの集合体である議会が、法律を制定し行政の活動を拘束する。政治家が官僚機構のトップに君臨し命令することで、政治の意思に従わせる。このようにして、国民の意思のもとに行政を置くことができるのである。もしも政治家よりも官僚が力をもつならば、国民のことなど忘れて、自分たちの都合のいいように社会を管理するようになるであろう。

第2に、有効性の観点からも問題である。どのような組織でも、自浄作用を働かせて、自己を規律していくことは難しい。行政が有効に機能するためには、常に外から改革圧力を加えていく必要がある。行政国家が進展すると、そのような緊張関係が失われ、行政の肥大化に歯止めがかからなくなり、腐敗構造が蔓延《まんえん》してしまう。

行政学は、改革の学問として、このような行政国家化の現象を意識的に取り上げてきた。行政国家化にどう対応するべきかという問題は、行政学にとって最も重要なテーマである。

2　国家の役割の拡大

▶ 市民社会と自由主義国家

行政国家化は、国家の役割の増大と行政権力の増大が相互作用しながら進行していく現象である。もう少し詳しく国家機能が拡大していくプロセスを見てみよう。

現在の国家の基本的な条件は、絶対王政の時代に整った。この時代に、職業官僚による役所組織が整備され、税制が確立し、いろいろな法律も整備されていく。そして、1789年にフランスで起こった市民革命が導火線の役割を果たし、ヨーロッパでは絶対王政を基礎としたアンシャン・レジーム（古い体制）が崩壊しはじめる。革命が一番過激な姿をとったのは、フランスであったが、ドイツやイギリスでも、少しずつ革命が起こり、ヨーロッパ諸国はほぼ同じ方向に進んでいく。

市民革命によって、「市民社会」が成立する。政治の世界では、絶対王政のもとで力をつけた市民階級（ブルジョワジー）が政治に参加する権利を獲得していき、自分たちの利益を代表する議員を議会に送り込む。議会では政党政治が展開され、代議制民主主義が発達した。フランス以外の多くのヨーロッパ諸国では君主制が維持されたが、国王の権力を議会が次第に奪っていき、権力を実質的なものから形式的なものへと変えていった。

ただし、市民社会においては、いまのように一定年齢に達した国民であれば誰でも投票する権利をもつ普通選挙制度は導入されていなかった。ここで、参政権を得ていたのは、一定レベル以上の「財産と教養」を身につけた「市民」であり、それ以外の人間は依然として支配される存在でしかなかった。

市民社会では、「国家からの自由」が主張される。経済活動への国家の介入は望まず、政府はできる限り小さい方がよく、治安の維持や国防といった必要最小限の保護をしてくれればいいという考えが支配していた。このような考え方を「夜警国家観」という。市民社会では、国家に頼らなくてもやっていけるという自信に支えられた「自助の精神」が共有されていた。このような「リベラリズム」を基礎とする国家を「自由主義国家」という。

この自由主義国家は、「立憲主義」思想により支えられる。立憲主義では、あらかじめ憲法を制定しておき、時の権力者が自由を不当に侵害するような法律を作るのを、憲法の力によって阻止することが構想される。立憲主義の下、裁判所がある法律が憲法に違反しているかどうかを審査し、国家権力の暴走をコントロールする仕組みが整備されていく。

▶ 大衆社会の出現

ところが、17世紀に入りイギリスで産業革命が起こると、農民の子供たちが都市の労働者として産業に吸収されるようになり、そこに「労働者」という新しい階級が生まれる。労働者は、資本家たちに搾取されながらも労働運動を展開することによって、自分たちの利益を守ろうとした。その過程の中で、労働運動は普通選挙運動に展開し、労働者は選挙権や被選挙権といった政治に参加する権利を要求し獲得していく。

普通選挙制度が導入され、労働者が有権者となると、労働者の利益が政治の世界に反映されるようになる。それまでは多少の政治的な意見の対立があったとしても、資本家ということで同質性が確保されていた市民社会が、さまざまな考え方、利害、価値観をもった人間、個人の顔が見えず「マス（群衆）」として行動する人間によって構成される社会に変質していく。これを、市民社会から「大衆社会」への移行と呼ぶ。

▶大衆福祉国家の成立

大衆社会においては、国家と個人の関係も変質していく。国家の存在感が大きくなり、個人の生活が国家なしでは考えられなくなっていく。このように、「ゆりかごから墓場まで」国家に面倒を見てもらう関係が成立している国家を「福祉国家」という。西尾勝は、福祉国家を、①生存権の保障を国家の責務として受け入れ、②所得の再分配を国家の当然の機能と考え、③景気の変動を調節するために市場経済に積極的に介入するようになった国家と定義している。

[図表2-1]行政国家の成立過程象

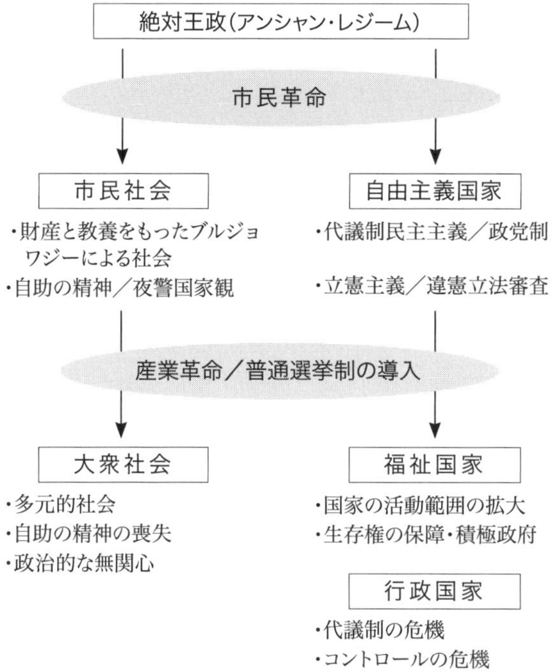

（筆者作成）

このような条件を欧米諸国が備えたのは、1900年前後で、これが第二次世界大戦後に一大成長を遂げ、社会保障の対象が生活困窮者から中流階級に拡大し「大衆福祉国家」に変貌していく。

福祉国家における政府の活動について、もう少し詳しく見ていこう。

まず、労働者は、資本家が自分たちを搾取することで得た利益を取り上げ、労働者に配分する役割を国家に期待するようになる。このような政策を、「所得の再配分」政策という。累進《るいしん》課税制度の導入、企業に対する課税の強化、社会保険料の企業負担、失業保険制度などの社会保障制度の充実によって、社会的な不平等を解消させようとする。社会的な不平等は、教育にも原因があると認識され、国民の「教育を受ける権利」が確立し、教育の費用も国家が負担し、国民教育体制がつくられる。

また、大衆社会では、市民社会で育まれてきた「自助の精神」を維持することが難しくなる。たとえば、都市化により犯罪や失業に直面するリスクが増える。もはや、不幸な人間や社会的弱者にリスクの責任を負わせることができなくなり、人間として生きていくための条件を国家が用意することになった。1919年に制定されたドイツのワイマール憲法が、「生存権」の保障を規定し、必要最小限の生活を維持する責務を政府に要求したのは、象徴的な出来事である。

これらの要因によって、社会保障制度の充実、都市基盤の整備、警察機能の強化、教育機能の拡大が国家に要求され、急激に国家の役割が拡大し、財政規模が拡大していった。

▶ 福祉国家化の直接原因

以上の歴史的な潮流に加えて、欧米社会においては、２つの世界大戦と世界大恐慌が福祉国家の成長に直接の影響を及ぼしたといわれる。

第一次世界大戦は、国民を総動員する歴史上初めての「全体戦争」であり、志願制度をとっていたイギリスやアメリカでも徴兵制が導入された。これまでは国家と距離を置いて生活してきた個人も、国家の存在を意識せざるを得なくなる。国家の側でも国民に要求する犠牲に見合う補償や助成を行う必要に迫られた。政府にとって戦費というのは国民を納得させやすい増税の理由となる。戦争の危険が高まったときに増税が行われ、戦争終結後も戦争前の水準に戻ることはなく、その差額が社会保障関係の予算に充当される。このようにして、経済成長のペースを超えた財政規模の拡大が進んでいく。

1929年に起こった世界大恐慌も、福祉国家の一側面に重大な影響を及ぼした。経済危機に際して、アメリカのフランクリン・ルーズベルト大統領は、経済学者ケインズの理論を応用し、ニューディール政策を展開する。政府は、テネシー川流域において大規模な公共事業を実施し雇用を創出する。雇用が消費を生み、消費が生産を呼び、企業の設備投資が増えることで雇用が生まれ、景気が上向き、恐慌からいち早く脱することに成功した。また、社会に流通する通貨量を調整することで景気をコントロールする金融政策も展開された。アダム・スミス以来「神の見えざる手」にゆだねるべきとされた景気の循環に対して、政府が積極的に介入するようになった。「積極政府」のもと、経済の動きをコントロールする役割が国家に期待されることになる。

そもそも、国民が国家の主人公である「国民国家」は、国家機能の増大につながりやすい構造をもっていた。国民の要求は、選挙などを通じて、政治家や政党にもたらされる。ライバルに対抗し、より多くの有権者の支持を得るために、政治家は歳入の見込みを超えた支出を約束してしまう。国民も国家に対する依存心が強くなり、さらに大きな要求を行うようになる。このようにして、国家の財政規模は際限なく拡大していき、それは、1970年代の石油危機などを原因とする財政危機により、先進諸国が民営化・減量経営に迫られるようになるまで続くことになった。

3　行政権力の拡大

▶ 立法国家の成立

市民革命後出現した市民社会では、一定レベルの財産と教養をもった市民に参政権が限定されており、価値観がある程度共有されていた。このような同質的な社会では、いくつかの政党の中から自分の意見を国政に反映させてくれる候補者や政党を選ぶことができる。議会は市民の意思を代表する機関としての地位を確立し、他の権力部門との関係において優位する国家、「立法国家」が成立した。自由主義国家は、このような立法国家の側面も併せもっている。

代議制民主主義と政党制が確立したのは、まさにこの時代である。民主主義は、アテネのポリスなどで行われた直接民主主義ではなく、代議制による間接民主主義を通じて実現されるものであるという考え方が定着した。政党は、社会の集団の意見を政策の形でまとめ、それを議会に反映させていく装置として機能していた。国民は、政党に参加することを通じて自分の意見を国政に反映させることができた。

立法国家のもとで、「法律による行政」という理念が形成された。これは、①あらゆる行政活動は法律に基づかなければならず、②法律は行政の命令よりも優位であり、③法律を廃止できるのは法律だけである、という３つの原則が前提となっている。法律で行政を拘束し、自由に判断する余地を認めないことにより、官僚が勝手な判断で国民の自由を脅かす危険を防ぎ、法律に違反する行為があれば裁判所がそれを阻止する図式が成立した。

▶ 代議制の危機

しかし、大衆社会に移行したことで、市民社会で発達した代議制がうまく機能しなくなっていく。価値観の違う人々が共存する大衆社会では、自分の意見を忠実に国政に反映してくれそうな候補者を発見することが難しくなり、どの政党にも満足しなくなる。投票の場面では、棄権者や特定の支持政党をもたない有権者が増え浮動票が多くなる。浮動票を獲得するためにイメージ選挙が行われ、公約が明確な形で示されなくなる。このようにして、議会が本当に国民の意思を反映した存在なのかについて疑問が生まれてくる。これを「代議制の危機」と呼ぶ。

代議制の危機がいわれる中で、政治不信が大きくなり、公共的な問題を解決する主体として、政治家ではなく、専門的な知識を備えた官僚に期待が集まるようになる。さらに、官僚は、行政活動を通じて、国民との間に日常的なコミュニケーションの関係を築き、現場から国民の声を吸い上げることで、政治家よりも国民のニーズを理解した存在として自らをアピールする。このようにして、官僚が政策過程で主導的な役割を演ずることになる。

▶ コントロールの危機

立法国家の図式は、政治家が法律と命令によって、官僚を統制することが前提となっている。しかし、国家の役割が肥大化し、行政活動が高度複雑化していくと、政治家がそのような役割を果たすことが難しくなっていく。
議会審議の場面を見てみよう。年間に制定しなければならない法律の数は、国家の役割の拡大に伴って増加するが、審議の積み重ねを重視する議会の仕組みは、大量の法律を生産するのに向いていない。複雑な問題に対処しようにも、議員はすべての政策問題について専門知識をもっているわけではないので、審議する能力にも限界がある。審議能力の限界の中で、議会は、法律をつくる際に、法律の文言をあいまいにして、行政に自由な解釈の余地を認める「裁量」を与える。また、法律の中で具体的なルールを作成する権限を行政に委任してしまう「委任立法」が増えていく。
特に議院内閣制を採用している国では、法律案の多くは、官僚を中心に検討されている。官僚制は、専門家の集団である。専門知識をもった人が採用され、専門分化した職務範囲の中でさらに専門性を育んでいる。議員のようにすべての政策問題について審議に加わるのではなく、狭い権限領域について専門知識をもっていればよい。役所は、大臣・局長・課長というように、原則として組織のどの部分を切り取っても１人の人間が責任をもつ「独任制」のピラミッド型組織となっており、上下関係の中で法律や政策が能率的に検討されていく。日常的には、官僚が政策を発案し、内容を検討しており、議会は、官僚が政策目的を実現するのに必要と考える法律について、最終的にゴーサインを出す機関にすぎなくなっている。このような状況では「法律による行政」の理念を実現するのは難しい。
政治家として、役所のトップに立って官僚を指揮する大臣も、困難な立場に置かれている。通常、指揮命令をする官僚の方が大臣よりも高度な専門知識をもっている。官僚は、大臣との間の知識のギャップを利用して、理論武装し、自分たちの意見を政治家に受け入れてもらい、政治に影響力をもとうとする。部下であるはずの官僚は、次第に自律性を獲得して、自分たちでつくった行動規範に従って活動を展開するようになる。
以上のようなプロセスで、官僚たちは、政治や国民から自律的に活動し、自分たちの権限や予算を拡大しようとする。これが、国家が提供するサービスの範囲の拡大、財政の肥大化につながっていく。このように、行政部門の力の増大と国家の役割の増大が相互に影響しながら、行政国家化が進んできたのである。

［風間規男］

第3章

ドイツ官房学・シュタイン行政学

1　ドイツ官房学

▶行政学のルーツ

現代行政学は、19世紀末にアメリカで成立した。しかし、行政学では、それ以前、ヨーロッパで発達したドイツ官房学という学問を前史として扱うことが慣例となっている。

ドイツ官房学は、16世紀中頃から18世紀末にかけての絶対主義の時代、ドイツやオーストリアに存在した学問である。ヨーロッパ全土を巻き込んだ三十年戦争が1648年のウェストファリア会議によって終結し、近代国家の条件が整えられていく時代である。都市計画や治安維持を考えればわかるように、行政学が対象とする活動の多くは、古代ギリシアのポリス、エジプトやメソポタミアなどの古代文明にさかのぼることができる。共同社会において集団で組織的に問題に対応しなければならなくなり、支配者と被支配者が分離したときから、現在「行政」として認識されているものに近い活動が行われていたといえる。

では、なぜドイツ官房学の発展と衰退の歴史を扱うのだろうか。それは、官房学が現代の行政学に通じる要素をもっているからである。官房学は、「行政」という現象を研究する独立した学問として成立していた。また、雑多な学問が集積してできたもので、学問としての性格が行政学と重なり合っている。そして、官房学は、「公共の福祉」を国家の目的とし、その理念を実現する方法を研究した点で、支配者の統治方法を扱ってきた従来の学問から一歩踏み出していた。

▶ 官吏のための官吏の学問

ドイツ官房学は、「官吏のための官吏の学問」として存在していた。官房学は、学問の体系や独自のアプローチをもっておらず、いろいろな科目が集まってできているものであった。具体的な科目は、財政、国営事業、農業、移民、林業、鉱山学、商工業、治安、教育などの広い領域にわたっていた。

林業や鉱山学が官房学を構成していたのは、君主の直轄領《ちょっかつりょう》の収入を増加させる知識を習得するためである。当時、フランスやイギリスでは、絶対王政のもとで、国内産業を育成し、海外市場を開拓する「重商主義」が展開された。この政策により、資本家の経済活動から税収を得ることで、国王に富を集中させることが可能になり、常備軍や職業官僚制が形成された。官房学が支えるカメラリズム（官房主義）は、この経済的な動機に、「公共の福祉」という国家の理念が結びついたものであり、ドイツ版の重商主義といわれている。

ただし、官房学で主張される「公共の福祉」は、われわれが今日の感覚で受け取るものと大きく異なる。国民生活を豊かにすることが、君主の得られる収入を増やし、逆に貴族・封建領主の力を弱めることにつながるという論理が背景にあったのである。国民の幸せが君主の幸せと密接不可分につながっていることを前提に、君主は、「公共の福祉」の誠実な実現を図る義務があるとされた。そのような「公共の福祉」を増進する国家活動をドイツでは「警察」（Polizei）と呼んでいた。現実には、何が「公共の福祉」かを決定する権限はもっぱら君主の側にあり、「警察」の名のもとに、国家と社会を同一視し、国民生活に無制限に介入しようとする側面ももち合わせていたのである。

▶ 前期官房学・ゼッケンドルフ

1727年、フランクフルト大学とハレ大学に官房学の講座が設けられたが、これを境に前期官房学と後期官房学に分けることができる。

前期官房学は、「公共の福祉」の思想的基礎をキリスト教神学に置いていた。その代表的な学者に『ドイツ君主国家』を書いたゼッケンドルフがいる。彼は、「正義」「平和」「国家と人民の福祉」を官房学の目標として掲げ、「ドイツにおいて最初に行政の価値を承認した人」という評価を得ている。しかし、前期官房学を学問的な観点から評価すると、官房学に含まれるとされた科目が未分化で、学問として成熟しているとはいえなかった。

▶ 後期官房学・ユスティ

後期官房学では、「公共の福祉」の思想的な基盤を自然法思想に置いている。その代表者ユスティは、官房学において「警察学」という学問を確立する。警察学は、資金や兵器といった物質的資財や国民の労働力や才能を含んだ「国家資財」を保持し増殖させることを目的とするものである。

ユスティは、特に警察学を財政学から分化させる必要を強調し、財政学を警察学の手段として位置づけた。警察学もまた、君主の利益を増大することに主眼が置かれていたものの、「警察」という概念を使って、警察の部分を合理的に行うことができると考えた点において、アメリカ行政学の発想に近いものを感ずる（⇒**第4章参照**）。

▶ ドイツ官房学の衰退

官房学は、統一的な学問体系があったわけではなく、雑学的な性格をもつものであった。官房学を構成していた学問の中で、たとえば警察学は紆余曲折を経ながら行政法学につながっていき、財政学も洗練されていくなど、それぞれの科目が学問として独立していった。

また、フランスの市民革命をきっかけに、新しい国家の姿が求められるようになったが、国家と社会を同一視する警察国家のモデルは、国家からの社会の分離を理想とする自由主義の国家モデルとは相容れなかった。また、国王の権力が市民に移るにつれ、官房学を１つの学問として束ねていた「国王に奉仕する学問」としての存在意義が薄れた。

このようにして、官房学は、18世紀後半に入り、次第に力を失っていき消滅した。

2 ロレンツ・フォン・シュタインの行政学

▶シュタインの思想的背景

ドイツには、アメリカで成立した行政学よりも、ある意味で複雑かつ精緻な行政の理論を展開した研究者がいた。その名をロレンツ・フォン・シュタインといい、19世紀中頃に活躍したドイツの学者である。シュタインが生まれた当時、ドイツは、市民革命後ナポレオン帝政時代にあったフランスとの戦争に破れ、絶対王政が終焉の道を歩んでいた。シュタインが活躍したのは、近代的な国家が形成されていく時代であった。

シュタインは、大きく分けて２つの思想の影響を受けている。１つは、彼がキール大学で勉強したドイツの哲学者ヘーゲルである。ヘーゲルの影響は、国家と社会の関係の捉え方などに反映されている。ヘーゲル哲学は、「人間とは何か」「家族とは何か」を出発点に、国家という共同体を概念世界で捉えている。弁証法を駆使して特有の世界観を展開しているので難解で、シュタイン行政学の難しさの一端もここに原因がある。

もう１つは、フランスの社会主義思想の影響である。シュタインは、大学卒業後、奨学金を得てパリに留学し、社会主義運動の人たちと出会い、社会主義思想がいかに現実の社会改革に結びついていったのかを研究している。フランス社会主義思想は、平等を重視し、階級の固定化を嫌う彼の主張の中に色濃く残っている。

▶国家と社会

シュタインは、まず、社会と国家を対立するものとして考えている。社会は、人間が自由に活動する領域であり、自由の存在こそが社会進歩の推進力を生む。しかし、人間は、精神的・物質的な財産を多く所有したいという欲望をもつので、他人の自由な活動を阻害してしまう。やがて、社会は、労働力を売って財貨を得ることしかできない労働者と、その労働力を利用して富を蓄積していく資本家という２つの「階級」に分化していく。

この階級関係は、放置しておけば、資本家の子供は資本家に、労働者の子供は労働者にというように、「家族」という仕組みを通じて何世代にもわたって継続していく。シュタインは、社会をヘーゲルのいう「欲求の体系」

として捉え、階級が形成され不平等が拡大し、さらに資本家の搾取により労働者の自由を奪ってしまうという矛盾を抱えた存在として捉えた。

シュタインは、これに対して国家を「あらゆる個人の意志と行為が人格的統一まで高められた共同体」であると考えた。「ある人間が存在する」という場合、その存在を規定するものを「アイデンティティ」という。シュタインは、このアイデンティティを主張できる能力を「意志」と呼び、アイデンティティを自分の外に向かって示すことを「行為」と呼んでいる。個人が人格をもつというとき、それぞれが独立した「意志」と「行為」をもっていることを意味する。

国家が「人格的な統一まで高められた共同体」であるということは、国家もまた人間と同じように人格を備え、「意志」をもち「行為」することを意味する。その国家の意志には、構成員すべての意志が反映されている。人間は、本来的に自由と平等を望む存在だから、国家の意志は、すべての人間が完全に自由かつ平等で完全な人格の発展を実現することを目指す。

一方、社会は、自由と自由がぶつかり合い、放置すれば階級による不平等が起こってしまう世界である。したがって、すべての人間の自由と平等を実現する意志をもつ国家は、社会に介入して、個人の自由を阻害するものを取り除き、平等を実現する役割をもっている。このような社会への国家の介入によって、国家の原理が社会に実現していき、社会が進歩していくとシュタインは考えた。

▶憲政と行政

シュタインによると、国家は、「憲政」(Verfassung) と「行政」(Verwaltung) という２つの原理から成り立っている。

国家は、各個人の意志と行為が１つの人格にまで高められた共同体であるが、一人の人間の人格と違うのは、国家が独立した人格をもった多数の個人から形成された集合体であるところである。そこで、人格の統一体として国家の意志を形成するには、独立した人格をもった個人が国家の意志を形成する過程に参加する必要がある。個人の参加を前提に国家の意志が形成されることをシュタインは「憲政」と呼んだ。「朕は国家なり」といって国王の意志と国家の意志が同一であることを前提に成立していた絶対主義国家におけるドイツ官房学とはこの点が決定的に違うのである。

［図表3-1］シュタインの憲政と行政

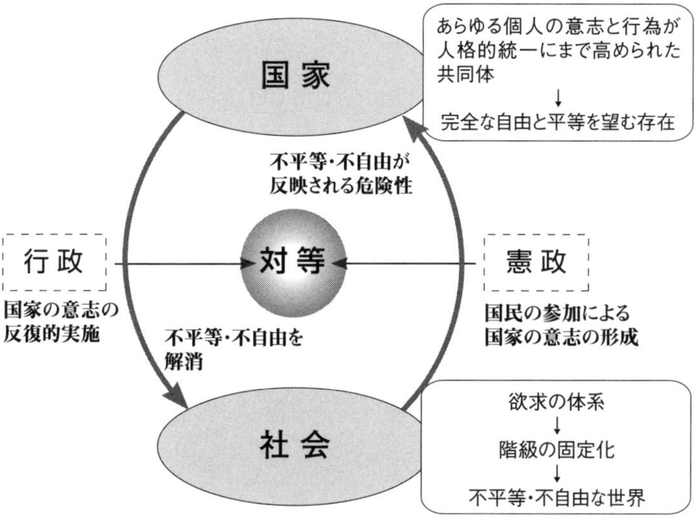

（筆者作成）

憲政が国家意志形成への個人の参加を意味するのに対し、「行政」は、その国家意志を行為として反復的に行う活動であるとしている。憲政が国家意志の形成、行政が国家意志の遂行というと、憲政が行政の上に立つものであると考えがちである。しかし、憲政は、「欲求の体系」の中で生活する個人の参加によって成立するので、社会の階級的不平等が反映されたまま国家意志を形成してしまう。

そこで、行政の反復的な活動により社会の不平等を解消して、健全な国家意志の形成たる「憲政」を行うようにするという「二重の関係」が設定されている。そのことは、シュタインの「行政なき憲政は無内容であり、憲政なき行政は無力である」という言葉によくあらわれている。

▶ 現代行政学への影響

国家の中で、国家意志の形成や立法といった「憲政」の部分とその実現行為である「行政」を独立して扱った点が、アメリカ行政学の「政治と行政分離論」に酷似している。

しかし、シュタインの理論には、社会が悪であり国家が善であるという発想、国家が社会より優越しているという発想がある点が、アメリカの行政学者とは、基本的に異なる。

アメリカでは、イギリスのジョン・ロックの思想などの影響を強く受けて、国家は社会が必要に応じてつくった「必要悪」の機関だというイメージが強い。国家の存在理由といった本質的な問題で、全く異なった考え方に立っていたので、主張の表面的な部分が非常に類似しているにもかかわらず、アメリカにおける行政学の成立にシュタインの行政学が直接には影響を及ぼさなかったといわれている。

［風間規男］

第4章

現代行政学の誕生

1　猟官制の破綻

▶ アメリカで誕生した背景

19世紀末、職業官僚制に代表される行政の仕組みは、明らかにアメリカよりもヨーロッパの方が発達していた。しかし、現代行政学は、ヨーロッパに遅れをとっていたアメリカで成立した。そこにはいくつもの理由が考えられるが、「猟官制」というアメリカ特有の公務員制度が行き詰まりを見せていたことと、科学的管理法に代表される経営学がアメリカで発展を見せていたことという２つの要因が特に重要である。

別の見方をすれば、現代行政学は、極めてアメリカ的な状況の中で生まれたといえる。まず行政にかかわるさまざまな課題がアメリカという場所で噴出し、それに対応するために生み出された改革の学問としての行政学が、ヨーロッパや日本など、行政国家化に伴う問題に直面した世界中の国に、アレンジが加えられながら普及していったということである。

▶ 猟官制の発展と行き詰まり

アメリカでは、建国以来「猟官制」（スポイルズ・システム）と呼ばれる特殊な公務員制度が育まれていた。選挙により、大統領、知事、市長といった行政のトップが交代すると、そのたびに側近や幹部はもとより、場合によっては末端の事務職員までが情実により入れ替わるという制度である。

猟官制は、「普通の人々」の代表として選挙を戦ったアンドリュー・ジャクソンの大統領就任後にピークに達する。猟官制を支える思想は、ジャクソン大統領が1829年の年次教書において行った、「公務員の仕事は普通の知能の持ち主ならば誰でも遂行できるほど平易であり、1人の人間が長く官職にとどまることで発生する弊害の方が経験の蓄積という利点よりも大きい」という演説によくあらわれている。

アメリカ建国当時、ヨーロッパでは職業的な官僚制が形成され、君主は、プロフェッショナルで構成される官僚制を使って国を支配していた。その有り様を見てきたアメリカ建国の父たちは、ヨーロッパの国々を反面教師にして、行政の職務は、特定の個人に独占されるべきではなく、支配される者と支配する者との関係を永続化すべきではないという哲学に立って、アマチュアによる行政を根づかせようとした。誰でも選挙の結果によって官職を得る可能性を開き、住民の納税者意識を高めたという意味で、たしかに、猟官制は、アメリカン・デモクラシーにとって不可欠な要素であった。

しかし、19世紀後半になって、アメリカでも、産業社会が発展し、都市に人口が集中するようになると、都市を中心にさまざまな政策課題、たとえば、犯罪、人種差別、都市基盤の整備、公衆衛生といった解決困難な問題が噴出した。課題の解決には、高度な専門知識が求められたが、アマチュアによる行政では、十分対応することができなかった。また、行政の放漫経営により、税金が無駄遣いされていることも社会問題化した。さらに、猟官制は、政治による行政への介入を容易にし、汚職や腐敗を生みやすい構造をもっていた。

▶公務員制度改革運動・市政改革運動

19世紀後半、アメリカでは、プロフェッショナルによる行政を否定してきたがゆえに、都市化・産業化による行政の役割拡大にヨーロッパの国々のように対処することができず、公務員に対する国民の不満が頂点に達していた。

そこで、猟官制をあらためて、公開競争試験による公務員採用（メリット・システム）を導入しようという運動が盛んになる。この運動は、1883年に「ペンドルトン法」という法律が制定されるなどして、少しずつ実を結んでいくことになる。ただし、現在でも、アメリカでは猟官制の要素は色濃く残っており、トップが交代すると大幅な人事の交代が行われている。

公務員制度改革運動以外にも、市政改革運動、政治粛清運動など、さまざまな形をとった運動が盛り上がった。このような運動を背景に登場したのが現代行政学である。アメリカでは、行政がうまく機能しないのは、政治が介入しているからであると認識されていた。そこで、行政を政治から解放し政治的中立性を確保するという意図のもとに、アメリカ特有の問題を解決するための手法を研究する学問として、行政学は成立したのである。

2　科学的管理法の影響

▶ビジネスの手法を行政に

アメリカで行政学が成立した背景として、もう1つ見逃すことのできない要因に経営学の存在がある。当時、アメリカのビジネス界で「科学的管理法」という経営方法が流行し、全米各地の工場などにおいて試みられ、一定の成果を上げていた。

そのような経営方法を、非能率に悩んでいた行政にも生かせるのではないかという発想が、実業家・政治家などに芽生えた。当時のアメリカは、急速な経済成長を遂げていたが、世界的な貿易競争でヨーロッパに対抗できたのは、経営学で開発された発想やノウハウを工場や企業組織に適用したからであると考えられた。連邦機関から州・市の機関に至るまで、政治の部分を切り離してみれば、どこも企業と同じ「組織」であり、経営学で培われたノウハウを適用することによって非能率な行政を改革することができると信じられたのである。

以上のように、現代行政学は、特に初期の段階において、行政を改革する処方箋の多くを経営学の成果に求め、経営学の影響を強く受けた形で発展していくことになる。

▶科学的管理法とは何か

科学的管理法は、1880年代に、F.W.テイラーが発表したもので、一大ブームになって全米各地の工場などで適用されるようになった。

テイラーは、工場で行われている組み立てなどの生産活動には、能率性を高める「唯一《ゆいいつ》絶対の方法」があると考えた。また、その方法は、時間研究や動作研究により発見できるとした。工場の最も熟練した労働者をよく観察し、観察結果を標準化して、他の労働者にも適用できるようにマニュアルをつくる。そのようなマニュアルに従えば、熟練していない作業員でも熟練した作業員と同じレベルの作業能率を確保することができるというわけである。

科学的管理法が目指すのは、最小限の支出・コストによって最大限の効果を上げることである。これを「能率」という。当時の行政学者もこれにならい、必要最小限の職員数や予算、時間の投入で、最大限の行政サービスを提供する能率的な方法を、科学的管理法が企業の世界で示したように、行政の世界で示すために研究することになる。

科学的管理法には、作業員の個性や価値観を排除して組織目的を達成しようという発想が含まれている。人間を機械と同じように扱う企業行動を広めたことが問題となり、労働組合などから激しい批判を浴びた。テイラーは、当時多くの工場において厳しいノルマ制が導入され、労使関係が悪化していることを憂いていた。ノルマ制に代わり、個人の能力に従った出来高《できだか》払いによる賃金体系を確立し、科学的管理法によって工場全体の生産能力を向上させることで、労使関係を改善したいと考えていた。ところが、科学的管理法は、その考案者の思いを越えて一人歩きをしてしまったのである。そのような科学的管理法の発想が、特に初期の行政学に色濃く影響を及ぼすことになった。

3　ウッドロー・ウィルソンの行政学

▶政治と行政の分離論

アメリカに特有の背景の中で、非能率的な行政を改革する運動と、科学的管理法などの経営学の成果を結びつけて、行政学を学問として成立させたのは、「行政の研究」という１本の論文であったとされている。この論文は、後にアメリカの大統領になった政治学者ウッドロー・ウィルソンが1887年に発表したものである。

論文において、ウィルソンは、行政を研究する目的は、①政府は何を適切かつ有効に遂行することができるかを発見することと、②その仕事をどうすれば最大の能率と最小限の金銭とエネルギーの消費で遂行することができるかを発見することであるとしている。そして、この2点目が、初期行政学の重要テーマになる。

ウィルソンの斬新さは、「行政の科学」を主張した点にある。彼は、「行政の領域は、実務（ビジネス）の領域」であると述べ、政治とは分離した行政の領域を示し、「行政は政治の範囲の外に存在し、行政の問題は政治の問題ではない」としている。ここに、初期行政学の基本思想となる「政治と行政の分離論」の発想が打ち出されている。

ウィルソンは、政治とは、「偉大にして普遍的な国家活動」であり、行政とは、「国家の個別的にして具体的な活動」であると説明している。これでは明確な区別とはいえないが、議会が行うのが政治で、行政部門が行うのが行政であると漠然と捉えていたようである。言葉の表現をそのまま受け取ると、政治の方が行政よりも上位に位置する概念であるとも考えられるが、重要なのは、行政には、政治とは違った活動原理があり、政治の論理を行政にもち込むことは望ましくないと主張している点である。

政治と行政は、国家作用の中で明確に分けることができ、政治を研究することと行政を研究することは別であると考え、政治から行政を切り離してみれば、企業で行われている経営と同じであり、経営学と同様に科学的に分析することができると主張したのである。

▶ウィルソンの思想的な背景

政治学者のウィルソンが、当時このような主張を繰り広げたのには、思想的に重要な意図が隠されている。それは、アメリカが建国以来育んできた思想、アメリカン・デモクラシーを救おうという意図である。

アメリカが建国の際、国家のモデルとして存在していたのはヨーロッパの国々だった。しかし、建国の父たちは、それを手本とはせず、反面教師として統治システムを考えた。ヨーロッパでは、世襲の君主制のもとで職業官僚制による統治が行われていた。一方、アメリカは、君主制を絶対的に否定して、自分たちがリーダーを選ぶことのできる大統領制というシステムを導入し、さらに職業官僚制も徹底的に否定して、猟官制を発展させてきた。しかし、猟官制が破綻《はたん》の兆《きざ》しを見せはじめ、もはやアマチュアによる行政では、目前の課題に対応できないことは明らかで、ヨーロッパで発達した行政技術を輸入する必要に迫られていた。

君主制のもとで発達してきた行政技術を導入することで、君主制の正しさを証明することになれば、建国以来の思想を否定してしまうことになる。そこで、ヨーロッパから行政手法を輸入し、あるいは企業から経営手法を導入したとしても、それは道具を輸入するようなもので、純粋な技術を受け入れるにすぎず、建国の父たちが否定した君主制を肯定するものではないことをはっきりと示す必要があった。ウィルソンは、「行政の研究」の中で、「ナイフを巧みに研《と》ぐ凶悪な男から、殺人の意図を借用することなく、ナイフの研ぎ方を借用することができる」という比喩《ひゆ》を使って、アメリカの共和主義を守りつつ、君主制のもとで開発された行政技術を学ぶことができるといっている。

▶ウィルソンの影響

ウィルソンの「行政の研究」によって、行政が政治とは切り離された独立した研究対象であり、政治学とは異なった研究目的をもった行政学という学問が成立し得るという見解が、政治学を中心に広まった。初期の行政学は、このウィルソンの主張に寄り添う形で発展していく。彼が「行政学の父」といわれているゆえんである。

4　フランク・グットナウの行政学

▶政治と行政

このウィルソンの理論に触発され、それをより洗練したのがウィルソンと同じく政治学者のフランク・グッドナウである。1900年に『政治と行政』という本を発表し、行政学に大きな影響を及ぼした。

グッドナウによると、すべての統治システムには、２つの根源的な統治機能がある。１つは「国家の意思の表現」、もう１つは「国家の意思の執行」である。そして、国家の意思の表現を「政治」、国家の意思の執行を「行政」と定義した。この２つの機能的な関係において、政治は、行政に対して統制を行う必要が生まれるが、その統制は、民主政治および能率的行政の観点から、正当かつ必要な限度にとどまるべきだとした。ここに、政治による介入が行政をめぐって発生している問題の根源にあるという認識が強く打ち出されている。

グッドナウの広義の行政には、司法が含まれるが、これを除いた狭義の行政には、①法律の一般的規則の範囲内で具体的な事案を審査する準司法的機能、②法律の執行にとどまる執行的機能、③複雑な行政組織の設立および保持にかかわる機能（公務員の任命など）の３つがあると説明しており、②の部分だけが政治の統制に服し、それ以外は服すべきではないと主張した。

▶ウィルソンとの違い

ウィルソンは、明確に主張しなかったが、彼の影響を受けた多くの行政学者は、政治の担い手と行政の担い手を明確に分離することができると考えていた。しかし、グッドナウは、特定の機関に政治の機能や行政の機能が専属するものではなく、たとえば、行政機関であっても、国家意思を表現する場面があれば、それは行政機関が政治機能を果たしていることになると考えたのである。このように、組織や構造ではなく、「機能」という側面から政治と行政を分けたところに、重要なポイントがある。

このようなグッドナウの考え方は、後に初期行政学を批判する機能的行政学に影響を及ぼすようになる。

[風間規男]

第5章

正統派行政学

1　経営学の影響

▶経営学の影響

ウィルソンの影響を受けて行政学という学問がアメリカにおいて成立し、その後1920年代から30年代にかけて流行していく。この時期の行政学は「技術的行政学」、後に「正統派行政学」と呼ばれている。

技術的行政学は、明らかに当時の経営学の影響を受けていたが、その経営学も、科学的管理法からさまざまな方向に発展していく。科学的管理法の発想とならんで、行政学にとって、特に重要なのは、トップマネジメントに関する理論である。科学的管理法は、工場の現場における作業員の管理を出発点としていたが、トップが企業組織をいかに経営するのかに焦点を当てた研究もさかんに行われた。

そこでは、組織づくりや人事・財務など、トップが行う経営の内容をいくつかの要素に分け、行うべきことについての共通項を抽出し、企業経営をうまく行うノウハウを「原理」として提示していくというアプローチがとられた。このような経営過程論が行政学に大きな影響を及ぼした。

▶アンリ・ファイヨール

「経営学の父」といわれるフランスのアンリ・ファイヨールは、経営者による企業組織のマネジメントを中心に研究して経営理論を構築した。彼が1916年に出版した『産業ならびに一般の管理』が1929年になって英語に翻訳され、経営学に大きな反響を生み、技術的行政学は、その内容を取り込む形で、理論内容を洗練させていく。

ファイヨールによると、管理活動は、計画化・組織化・命令・調整・統制という５つの要素で構成される。

この管理活動の５要素は、行政組織にも当てはまり、組織管理という観点からは、企業組織も行政組織も同じベースで議論できるのではないかという発想が自然と生まれた。また、ファイヨールは、経営の原則として、分業の原理、命令や指揮の一元性の原理、権限集中の原理、階層組織の原理などを提示している。初期の行政学者たちは行政の世界でファイヨールが企業組織について提示した原理を適用できないかと考えた。後で紹介するギューリックの理論は、明らかにファイヨールの主張と重なり合う部分が大きい。

2　技術的行政学の隆盛

▶ 技術的行政学の特徴

技術的行政学に分類される学者の主張にもバリエーションはあるが、「政治と行政の分離論」をとっているという点で共通している。ウィルソンとの関係で説明してきたように、政治と行政は、明確に分けることができると信じ、行政の領域を分析するのが行政学であると考えている。その上で、「科学としての行政学」が提示される。政治は、理念やイデオロギーとつながっており、科学的な分析を徹底させることが難しいが、政治から切り離された行政の部分については科学的に分析することができ、合理的な説明がつくと主張する。

そして、多くの研究者は、行政を科学的に研究すれば、いかなるタイプの行政にも適用可能な「原理」を発見することができると考えた点でも共通している。その原理は、最小資源の投入で最大の効果を上げる「能率」を実現するために活用され、能率を実現する「唯一《ゆいいつ》最善の方法」の存在を信じて、それを発見するのが行政学の使命であると捉えていた。

▶ ウィロビーの行政学

科学的管理法や当時の経営学の影響を受ける形で、技術的行政学を確立したのがW.F.ウィロビーである。彼は、1927年の『行政の諸原理』という本の中で、「行政と政治の分離論」を明確に打ち出している。

行政活動をウィロビーは、治安維持を目的とした犯罪捜査のように、行政の目的を直接的に遂行する「機能的活動」と、人事や予算・組織の管理など、組織を維持し運営する「制度的ないし家計管理的機能」に分けた。その上で、後者が行政学の真の主題であるとした。つまり、制度的・家計管理的機能については、企業経営の中で適用された経営原理を適用することができると考えたのである。

また、行政学の目的は、作業能率を確保することであり、作業能率を確保するために守るべき基本原理が存在すること、そして、そのような基本原理は科学的な方法を適用することによってのみ決定され、内容が明らかになるといい、したがって、行政学は科学として存在し得るとしている。ウィロビーは、総務行政、組織、人事、設備、財務の５つの部分に分けて行政の原理を提示しており、特に財務の部分において、さまざまな原則・原理を列挙している。

▶ ホワイトの行政学

1926年、ウィロビーと同時代の行政学者D.ホワイトは、アメリカ行政学で初めての体系的なテキスト『行政学研究序説』を著した。この本において、行政を「国家目的を達成する上での人と資材の管理」と定義し、行政には、この管理を能率的に行うことが求められると主張している。

彼は、ウィロビーのような原理を追い求める方法論には批判的であったが、連邦レベルであろうと、州や市町村レベルであろうと、行政の過程は共通したものであり、能率は、法学的アプローチではなく、管理論的アプローチで実現されると述べ、科学的管理法を高く評価していた。

彼は、市政改革運動の推進者として、現実の行政改革・政治改革にもかかわっていた。

3　ルーサー・ギューリックの行政学

▶ブラウンロー委員会

経営学の成果を行政の改革に取り込んでいった技術的行政学は、行政の非能率を救う学問として一世《いっせい》を風靡《ふうび》し、1930年代に入ると正統派行政学と呼ばれるようになる。

1937年、フランクリン・ルーズベルト大統領の時代、「行政管理に関する大統領の委員会」（ブラウンロー委員会）が設置される。この委員会は、大統領制の改革、行政機構の改革についてさまざまな提案を行った。トップマネジメントの経営学を取り込んだ正統派行政学は、このブラウンロー委員会報告書の理論的な支柱となったといわれている。この時期こそ、行政学の歴史の中で、その成果が連邦政府の行政改革にまで直接的に影響を及ぼした黄金時代であった。

この正統派行政学において、中心的な役割を果たしたのがルーサー・ギューリックである。彼は、ブラウンロー委員会に参加するに際して、行政学の主張内容を他の委員に理解してもらうべく、アーウィックと協力して論文集を編纂した。そして、その『行政科学論集』の第1章と終章を自ら担当した。

▶機械的能率観

ギューリックは、行政の科学における基本的善は「能率」であり、能率こそは、「行政の価値尺度ナンバーワンに位置する公理である」と述べている。ここでいう能率とは、科学的管理法でいう能率概念と同じで、できるだけ少ない入力で大きな出力（行政サービスの量など）を上げるということを意味する。これを「機械的能率観」という。

ギューリックによると、良い行政と悪い行政を判断する第1の尺度は、その行政が能率的であるかどうかであり、行政の改革とは、何よりも能率性の向上を意味するものであるとした。ただし、能率性のみを実現すればいいのではなく、民主主義という価値との関係から、能率性の追求も一定の制約を受けることは認めている。

▶分業と調整

ギューリックが能率を実現する上で最も重視したのは、「組織」であり、組織のマネジメントを通じて、能率的な出力が確保されると考えた。行政組織において、能率を達成するためには、「分業の体系」を形成する必要がある。分業単位の中で、仕事を集中的に行うことで、専門性が育まれ、能率性を実現しやすくなる。

分業のメリットを最大限に発揮するためには、分業の単位と単位の間で「調整」を行う必要がある。各分業単位で最大の能率を実現しても、組織全体の出力が能率的になるとは限らない。そこで、各単位の努力を全体の成果につなげるのが「調整」である。

調整の具体的な方法としては、「組織による調整」と「理念による調整」がある。組織による調整は、組織の中心に位置する指導者とその周辺の担当者との間のコミュニケーションとコントロールのネットワークを通じて調整する方法である。独任制の組織において、それぞれの地位にある者が自分の担当する分業単位に対して指揮命令を徹底させて、各単位が組織全体の目的に合致した成果を上げるように内部的な調整を行っていく。

一方、理念による調整は、組織を構成する各人に共通の目的意識を植えつけ、各人が自発的に組織全体の利益に貢献するように行動させる方法である。指揮命令による管理では限界があり、組織のトップによるリーダーシップが必要であるという認識に立っている。

▶組織原則

ギューリックは、組織を管理する上で守るべき原則を、次のように示している。

(1) スパン・オブ・コントロールの原則

１人の上司が管理・統制することができる部下の数は限られているという原則である。具体的に何人なのかは、その組織の任務内容によって異なり、単純なルーティンワークならば多くの部下を管理することができるが、複雑で創造的な任務の場合には管理可能な部下の数は少なくなる。適切な部下の数を見極めて組織づくりを行うべきであるという。

(2) 命令の統一性の原則

１人の部下に対して、複数の上司が命令するような体制は望ましくないという原則である。複数の上司から矛盾した命令が発せられると組織が混乱してしまうので、命令系統を１本に絞るようにすべきである。命令統一性の原則とスパン・オブ・コントロールの原則から、一定規模以上の行政組織はピラミッド型の組織にならざるを得ない。

(3) 業務の同質性の原則

組織を編成する際には、同じ仕事は1カ所に集めたほうがいいという原則である。この原則に則って、行政組織を具体的に編成しようとするとき、①職員が奉仕している目的による「目的による組織」、②職員が用いる過程や技術に従った「過程による組織」、③対象である顧客や事物に従った「顧客による組織」、④サービスが行われる地域ごとの「地域による組織」という４つの組織化のパターンがあり、これをうまく組み合わせて組織を編成すべきであると主張する。

(4) 専門家に対する警戒の原則

能率を向上させるためには、専門家による行政が必要となるが、専門技術者が社会を支配することになっては民主主義が危機に瀕してしまう。そこで、専門技術者が支配者にならないように常に警戒し、「頂点ではなく適所におくように」すべきであるといっている。

▶ POSDCoRB行政学

ギューリックは、行政のトップ、大統領・州知事・市長などが果たすべき機能を「POSDCoRB《ポスドコルブ》」という造語で表現した。

[図表５-１] POSDCoRB行政学

P	planning	計　画
O	organizing	組織化
S	staffing	人　事
D	directing	指揮命令
Co	coordinating	調　整
R	reporting	報　告
B	budgeting	予　算

Pは、「計画づくり」を意味する。組織が追求すべき明確な目的を設定し、そのための方法をガイドラインとして提示する。

O は、「組織づくり」を意味する。分業の体系をつくり、組織や人に対して権限を振り分ける。

Sは、「人事」を意味する。職務に必要とされる能力や知識を備えた人材を採用し研修を行う。作業条件を改善することなどもここに含まれている。

Dは、「指揮命令」を意味する。組織目的の実現に向けて、具体的な決定を下し、部下に命令を行う。

Coは、「調整」を意味する。組織による調整と理念による調整を行うことで、各分業単位の成果を全体の成果に関係づける。

Rは、「報告」を受けることを意味する。命令の内容が実行され、計画の内容が実現されているのかについての情報を集める。

Bは、「予算」を意味する。財務計画を作成し、資金が有効に活用されるよう、予算を分業単位に振り分ける。

▶ラインとスタッフ

行政のトップが単独でPOSDCoRB《ポスドコルブ》の機能を果たすのは不可能である。そこで、命令系統の中にあり上司の命令を受けて目的を具体的に実現する「ライン」とは異なる、トップの管理活動を補佐する「スタッフ」が必要となる。スタッフは、行政の任務を外に向かって展開したり、直接ラインに対して命令したりするのではなく、トップを補佐して、トップに求められる管理業務をサポートするセクションである。

このラインとスタッフを区別する理論は、ブラウンロー委員会の報告にも反映される。委員会の報告書には「大統領は補佐を必要としている」という有名な表現で、大統領を支える補佐官制度の創設がうたわれている。この報告書をきっかけにして、現在のホワイトハウス事務局を中心とする大統領府が形成されていくことになる。

[風間規男]

第6章

機能的行政学

1　正統派行政学批判

▶ 批判の背景

行政学は、行政や政治の腐敗、公務員の非能率を解決する学問としての地位を確立し、現実の行政改革や大統領制改革に大きな影響を及ぼしていった。ところが、正統派行政学は、1940年代に入ると激しい批判を浴びるようになる。

アメリカでは、多くの学者たちが、現実の政治や行政に自分の理論を生かす機会が与えられる。後に大統領になったウィルソンは極端な例であるが、たとえば、知事や市長の政策スタッフとなり、州政府や市役所の組織改革に参加し、都市問題などを解決するために政策をつくる経験をする。

特に、ルーズベルト大統領の時代、ニューディール関連の政策に多くの行政学者が参加し、行政の理論を実践しようとした。しかし、正統派行政学で主張されている原則が現実の問題の解決にそれほど役に立たないことが次第に判明する。研究者たちは、自分たちの経験をもとに行政学の理論を再構築しようとし、その過程で正統派行政学に対する激しい批判が展開された。

▶ ダールによる批判

政治学者であるロバート・ダールは、1945年「行政の科学―３つの問題―」と題する雑誌論文で、行政学には３つの欠点があると指摘した。

第１に、価値の問題である。行政学が科学を主張する以上「規範的価値」の解明とは無関係のはずである。ところが、行政学では、「能率」に絶対的な価値を置いており、政府にとって最も重要な「民主主義」の価値との関係が不明確である。行政学では、能率性が向上すれば、「安価な政府」が実現し、国民にも利益になるという論理で、民主主義と能率が両立するかのように主張するが、民主主義にはコストがかかり、能率の実現とは対立する場面が多い。２つの価値が対立する場合があるという問いに、行政学は答えることができない。

第２に、行政学は、公務員を研究対象としているので、人間の行動に注目すべきであるのに、人間を組織の資材としてしか見ていない。人間を「合理的な判断を行う従順な存在」として捉えているが、それは誤りである。

第３に、行政にも社会的背景があることを無視している。あらゆる国家には、その国の歴史的な流れ、文化、慣習、国民哲学がある。行政学は、アメリカ特有の状況を背景に登場してきたものであり、アメリカ行政学の理論を、全く違う文化や歴史をもった国に適用するのは難しい。

▶ワルドーによる批判

行政学者のドワイト・ワルドーも1948年に発表した『行政国家論―アメリカ行政学の政治理論的研究―』で従来の行政学を批判している。ワルドーは、この本全般にわたって正統派行政学に批判を加えているが、その主張は、「アメリカ行政学もまた、アメリカに独特の経済的、社会的、政治的、イデオロギー的事実と不可分に結びつく政治理論として発展してきたものである」という言葉に尽くされている。

ワルドーによれば、「政治と行政の分離論」に立脚し、行政の部分だけを取り出して科学的に分析できるといった発想自体、アメリカ固有の事情を背景としたもので、そこには、アメリカン・デモクラシーをベースとする独特の価値観が含まれている。したがって、他のヨーロッパ諸国やアジア・アフリカ諸国の行政に適用できるような普遍的で科学的な理論ではないという。

▶サイモンによる批判

行政学者であり、後に組織分析に転じたハーバート・サイモンは、1947年に発表した『経営行動』において、正統派行政学が提示した行政の原理は、「ことわざ」にすぎないと批判を加えている。ことわざとは、「跳ぶ前によく見よ」というが、その一方で「躊躇する者は失敗する」というように、個別に示されると教訓を含んでいるが、科学的な実証がないために、それを並べると矛盾するものをいう。

たとえば、行政学でも、「能率は、管理者に直接報告する部下の数を少なくすることによって高められる」という一方で、「能率は、ある事項が実行される前に通過する組織レベルの数を最小限にすることによって高められる」といっているが、この２つの原則は両立しがたい。なぜ、このようなことが起こるかというと、組織を科学的に分析するための方法論が確立していないからである、とサイモンは主張する。先に紹介した２人と違い、行政を科学的に分析することに疑いをさしはさむのではなく、論理実証主義の立場から、より厳密に行政を分析することを求めるのである。

▶ アップルビーの批判

ポール・アップルビーは、ニューディール政策に参加した実務経験を生かし、1949年『政策と行政』を著した。ここで、議会が決定するものを「政策」、行政府の行為を「行政」と定義するのは意味がないと批判している。政策は、政治過程全体における立法・司法・行政の相互作用によって生じているからである。彼は、政策の成り立ちを説明することを通じて、政治と行政が融合しているという事実を指摘した。

2　機能的行政学による批判

▶ 機能的行政学の登場

正統派行政学に対する批判を総合したのが、機能的行政学と呼ばれる学派である。機能的行政学の起源は、フランク・グッドナウに求めることができ、ルーサー・ギューリックが編纂した『行政科学論集』においても、すでに機能的行政学につながる考え方は主張されており、正統派行政学と共存してきたともいえるが、1940年代に入って正統派に対抗する学派として把握されるようになった。行政を行政組織として捉えがちであった正統派行政学に対して、行政を機能概念で捉え、行政の内部管理よりも、行政による「社会の管理」、行政が社会に向かって何をなしえるのかを重視する。

この考え方は、ウィルソンが主張するような単なる「道具」としての行政という発想が、行政国家化によってリアリティを失うにしたがって、説得力を強めていくことになる。

▶政治と行政の融合論

機能的行政学の最大の特徴は、ウィルソン以来、行政学が政治学からの自立を主張する学問的拠り所となっていた「政治と行政の分離論」に疑義を唱えたことであろう。統治システムにおいて、政治と行政は密接にかかわり合った連続的な過程、融合した過程であり、行政だけを分離して研究しようとしても、行政の実態を把握することは難しいし、行政を改革することはできないという考え方を打ち出している。

政治と行政が融合した過程であるのは、政治を政策の形成、行政をその実現と捉える立場から見れば当然である。行政の場において、官僚は政策形成にかかわっているし、政治的な活動も行っている。ニューディール政策以後、政府は、失業対策などの社会政策、景気対策や金融政策に代表される経済政策など、夜警国家の役割を超えたさまざまな政策を展開し、積極的に社会に介入するようになった。このような「積極政府」においては、議会の中で、利害が対立する政策や、専門知識が要求される政策を議論し合意を形成していくのは困難となる。

アメリカにおいても、官僚や大統領のスタッフの側で政策を検討する機会が多くなり、議会が政策をつくる権限を一部大統領にゆだねる「委任立法」が増えていった。議会と連邦機関が相談.交渉.調整を行いながら政策は形成され、細かい内容については行政サイドの専門家が詰めていく。政策の実施にも議会がかかわり、政策の効果も議会が評価していくといったように、議会と連邦機関は政策の作成.実施において複雑に絡み合っている。このような現実を、機能的行政学の「政治と行政の融合論」は的確に捉えている。

▶機械的能率の問題点

機能的行政学は、正統派理論が行政の究極的目標として掲げていた「機械的能率」の概念にも批判を加えた。企業には、利潤を上げるという明確な目標が存在し、少ない材料費や人件費で大きい生産量を確保する方策を考えることができる。しかし、「公共の福祉」の実現といった行政の目的は、企業における利潤の極大化のように、能率性と直接結びつけることができない。正統派行政学のいう能率を現実の行政に適用することが難しいことが、次第に実証されていった。

機械的能率には、次のような問題があるといわれている。

第１に、行政の努力と出力の因果関係を測定することは難しい。たとえば、警察による交通取り締まりが能率的であるかは、前年と比較しても、他の地域と比較しても、全く同じ条件で比較することはできない。したがって、仮に同じ人員で検挙件数が増えても、警察の改革努力によって増加したのか、偶然増加したのか把握することが難しい。

第２に、能率性は、たとえば、1000万円で100の効果を上げるのと、500万円で50の効果を上げるのとどちらが望ましいかという問題に答えを提示してくれない。住民が望む水準のサービスを行政が提供しているかという問題は、行政を評価する上で最も重要な要素であるが、能率性という切り口では解答が得られない。

第３に、行政の成果を正確に把握することができない。たとえば、図書館行政の成果は、貸出冊数だけでは評価できず、入館者数や利用者の満足度、地域への貢献なども併せて評価することが望ましい。これらを総合的に評価しなければならないが、単位が違う指標を総合するのは至難の業である。そもそも、行政サービスの成果を数値化することができない場合もある。たとえば、教育において、教師には生徒の人間的な成長をサポートするという重要な役割があるが、これを数値化することは難しい。すると、偏差値を上げるといった数値化可能な部分にエネルギーが注がれ、教育に期待される役割が見失われてしまう。

このように機械的に能率を追求していただけでは、行政の目的を達成したことにならないことがわかってきた。

▶社会的能率

以上の問題点が認識されたことから、機能的行政学を中心に、機械的な能率の考え方が否定される一方で、マーシャル·ディモックらによって、「社会的能率」という概念が出される。社会的能率とは、国民生活の豊かさや満足の上昇、職員のやる気の向上、適正手続きの遵守《じゅんしゅ》、複数利害の調整といった尺度で、社会における人間的価値の実現を最大化することを意味す

［図表6－1］能率概念

◆正統派行政学 機械的能率 （最小のコストで最大の出力）	→	◆ワルドー 客観的能率 （目標が明確な場合）
◆機能的行政学 社会的能率 （社会の豊かさの向上など）	→	◆ワルドー 規範的能率 （目標に価値を含む場合）

る。この能率観では、行政が物質的に何を生み出したのかではなく、あらゆる階層・職業の人に「よき生活」を実現したのかが問題とされる。ただし、機械的能率概念が行政の予算を少しでも節約する実効力をもっていたのに対し、社会的能率は、行政の効果の概念をあいまいにしたことから、行政の浪費を擁護する側面があった。

なお、ワルドーは、能率概念を「客観的能率」と「規範的能率」に分けている（図表6-1）。行政が達成すべき目標に従って、たとえば、定型的な事務のように、目標が明確で機械的な判断のしやすい場合は、客観的能率が成立する。それに対して、福祉や教育のように、能率の判断基準が個人の主観に大きく依存している場合には、規範的能率が成立し、さまざまな要素を考慮に入れてその社会的な効果を把握すべきだとしている。

▶ホーソン実験

正統派行政学は、行政組織をいかに編成するかといった組織のフォーマルな側面に注目した。しかし、経営学において、ホーソン実験をきっかけに、職場に自然発生的に形成される仲間関係といったインフォーマルな関係が重視されるようになり、フォーマルな組織だけに着目していたのでは、組織を十分管理することができないと主張されるようになった。

ホーソン実験は、エルトン・メイヨーをリーダーとするハーバード大学の研究チームが1927年から32年にかけてウェスタン電気会社のホーソン工場において行ったものである。チームが調査に入る前、同社では、照明の明るさと生産性との関係を調査してきたが、職場の物理的環境と生産性との間に因果関係を発見することができなかった。この結果を受けて、調査チームは、ホーソン工場で徹底した実験を行う。この実験によって、ホーソン工場には、労働者の集団の中に、1日の作業量について、暗黙の了解が存在していることが発見された。グループで最大限能力を発揮して成果を上昇させてしまうと、上昇した作業量をもとにノルマが決められてしまう。そこで、「仕事に精を出しすぎてはいけない」という非公式の掟《おきて》がつくられ、それが守られていた。

このように、物理的環境の変化が生産性に直結するのではなく、個人の感情や態度がそこに介在し、職場の仲間との人間関係や個人的な経験が感情や態度の変化に大きく影響をすることが判明した。そこで、個人の感情や態度に働きかけるインフォーマルな組織関係の機能が注目されることになる。

▶人間関係学派

ホーソン実験は、科学的管理法のような考え方では、工場の単純な労働者もうまく管理することができないことを実証した。工場や企業、行政機関を構成しているのは、機械ではなく人間であり、能率性を達成するには、組織に自然発生するインフォーマルな組織を重視して、組織に参加する個人の動機づけを考える必要がある。このような組織のメンバーの人間的側面、メンバー間の関係を重視する経営学者たちを「人間関係学派」という。以後、経営学では、心理学などの成果を組織の管理に生かしていくようになる。

D.マクレガーは、『企業の人間的側面』で、人間関係学派と従来の経営学の違いをX理論とY理論という概念を用いて説明している。

X理論に基づく管理スタイルでは、大抵の人は労働をしたがらず、組織目的の達成に努力させるためには処罰をもって強制・威嚇《いかく》しなければならないということを前提にしている。科学的管理法や正統派行政学は、このようなX理論に基づいているといえる。

一方、Y理論に基づく管理スタイルでは、人間にとって労働は遊びと同じように自然であり、適切な環境が与えられれば、喜んで責任を引き受けようとすると考える。Y理論は、人間関係学派に典型的な考え方で、個人が組織を通じて成長し、それを助ける方向で環境を整備するのが管理者であると主張する。人間関係学派の方が一見人間的な考え方をしているような印象を与えるが、人間の動機づけを一定の方式で行うことができると考え、人間を組織がコントロールしようとしている点では、本質的に同じである。

ワルドーは、科学的管理法の「あらあらしい家父長主義」から「慈悲深い家父長主義」に移行しただけで、巧妙になっただけ邪悪であると指摘している。

▶フォレットの人間関係論

M.P.フォレットは、ホーソン実験以前の1920年代から、人間の創造精神を育む場としての組織の可能性に気づいていた。フォレットは、組織における人間相互の交流によって、個人我（自我としての私）が集団我（集団としての私）に移行することで人間精神が解放されると主張する。このような組織観のもとで、組織論にとって次のような重要な指摘を行っている。

まず、組織のトップが一切の権威を包括的に所有している「最終権威」という状態にはリアリティがなく、組織の権威は、各職位に内在している権威が組織のトップに向かって積み上がっていく形で存在するという。このような権威を「複性権威」という。

また、フォレットは、個人が個人に対して命令を出すという関係自体を否定する。上司も部下も組織をめぐる状況に支配されており、命令とは組織が状況の中で行うべきことの確認を意味する。部下は、状況が組織に要求している命令を発見し、上司に指摘するということも考えられ、その場合、命令は部下から上司に対して行われることになる。以上のような命令をめぐる考え方をフォレットは「状況の法則」と呼んでいる。

さらに、組織の活力を維持するためには、その内部に意見対立の形をとる紛争が発生することを恐れてはならないという。紛争の存在によってメンバーの個性の開発が可能になるのであり、紛争のない組織は個性を埋没させる「死の秩序」にすぎない。組織では、紛争が発生すると、抑圧・妥協・統合といった手段でそれを解消しようとするが、互いの犠牲を払わずに紛争が収まる「統合」で解決されることが望ましく、そのような解決が図られるとき、紛争は組織にとって「建設的な紛争」となる。

3　行政学の存立の危機

▶ 機能的行政学によるパラダイム崩壊

機能的行政学は、正統派行政学に挑戦を行い、致命的なダメージを与えたが、正統派行政学に代わり、新しい行政学を成立させるには至らなかった。行政学者は、政治と行政の分離論や機械的能率観など、行政学の学問的アイデンティティを否定したまま、行政学独自の新しい理論や新しい研究方法をつくることができなかったのである。

その後、行政学者たちは、次第に専門分化していき、他の学問分野でつくられた最先端の研究方法を行政の研究に適用しようとする。たとえば、経済学から生まれた公共選択の理論や発展途上国研究、比較政治学研究から展開した政治発展論、社会学の官僚制研究やシステム理論などの隣接諸科学を思い思いに取り込むようになった。

▶ 行政学の知的危機

1950年代以降、行政学者の研究を1つの体系にまとめることが不可能になった。ヴィンセント・オーストロムは、このような事態を「知的危機」と表現している。ある学問が「標準科学」であるためには、パラダイムというものが必要である。パラダイムとは、その学問で確立された法則、理論、およびその応用方法と用いられるべき手段の体系のことであり、行政学にとってのパラダイムは、政治と行政の分離論とそのもとでの能率の概念、行政の諸原則であった。パラダイムが時代や状況に合わなくなったとき、そのパラダイムを転換しなければならないが、オーストロムは、行政学には新しいパラダイムが見つからないと指摘する。

1968年には、若い行政学者がシラキュース大学のミナウブルック会議場に集まり、「新しい行政学」運動の展開を試みた。学問的な成果を実践に生かしていくことが強調された点は評価されるが、統一の学問としての展望を提示するには至らなかった。

行政学の「存立の危機」がいわれてから、すでに50年以上が経過しているが危機的状況は変わっていない。ただ、行政学が固有のパラダイムをもつ「標準科学」である必要はなく、「総合科学」として存在意義を主張する方向も考えられる。

むしろ問題なのは、行政学が洗練されるにつれて、改革志向を失ってしまったことである。行政の実態を調査することが主目的となり、その成果を現実の改革に生かす意欲が薄れてきている。もう一度、現実の行政にかかわりをもちながら、有効な改革案を提示することで、行政学の存在意義を高める道を探るべきである。

[風間規男]

第7章

組織の理論

1　チェスター・バーナードの組織理論

▶行政学における組織理論

現代行政学には、成立当初より、企業経営のノウハウを行政改革にも生かせないかという発想があった。組織という観点で見れば、企業組織も行政組織も同じであり、企業組織の分析に用いられてきた手法をそのまま行政組織の分析にも適用することができる。経営学では、科学的管理法から次第に洗練され、経営管理論が発展する一方で、組織分析の手法が確立されていく。組織理論は、それ自体非常に豊富な内容をもっているが、行政学で取り上げられる組織理論は、バーナードやサイモンなど、かなり限定されている。

▶バーナードの『経営者の役割』

チェスター・バーナードは、生粋《きっすい》の研究者というよりも、経営者・実務家であった。ＡＴ＆Ｔの地域社長を務めたビジネス界の成功者である。彼が1938年に発表した１冊の本『経営者の役割』は、まず経営学に計り知れない影響を及ぼし、経営学を経由して行政学にも大きな影響を及ぼした。経営者の著した本というと、会社経営の経験や経営哲学などを具体的に語るものが多いが、この本は抽象度が高く、理論的で難解である。

▶組織の定義――組織と人間

バーナードは、まず「組織とは何か」を明らかにしようとする。１人の人間がある目的を達成しようとする。ところが、目的を達成するには、さまざまな制約がある。このような制約には、物理的な制約や金銭的な制約などいろいろあるが、人間は、そのような制約を克服して目的を達成するために、人を集めて協力関係を築く。これを、「協働システム」と呼ぶ。

協働システムを永続的にしたのが組織であり、バーナードは、組織を「共通目的のために意識的に調整された２人以上の人間の行動または諸力の体系」と定義している。組織は、目的を達成するために、環境の変化に適応していく。環境に適応するためには、組織内部を調整していかなければならない。これを行うのが経営者の役割である。

組織が成り立つためには、①共通の目的、②協働する意思、③コミュニケーションという３つの要素が必要である。共通の目的が達成されたとき、あるいは見失われたとき、協働する意味がなくなるので組織は存続することができない。

バーナードの組織論で最も特徴的なのは、協働する意思がなければ、組織は成立しないと考えているところである。科学的管理法や正統派行政学では、組織のメンバーはすでにそこに存在していて、彼らをいかに管理するかが議論の中心であった。組織の中には、それに参加しようとする意思をもった個人が存在するという前提は、これらの理論ではもち得なかった発想である。

もう１つ、組織の成り立ちを研究する際に、組織のコミュニケーションに注目した点にも、彼の組織理論の斬新さがあらわれている。情報伝達のあり方は、その後コンピュータの発達などにより、組織理論にとって重要な切り口になっていく。

▶有効性と能率性

バーナードによると、ある組織が存続するためには、「有効性」（effectiveness）と「能率性」（efficiency）という２つの原理を実現しなければならない。有効性とは、組織の目的を達成する能力ないし達成する度合いである。一方、能率性とは、組織への参加者の貢献を確保する能力、組織のメンバーの欲求を満たす度合いである。

組織が維持されるためには、組織の目的を実現するだけでは不十分で、個人が組織に参加する動機も充足しなければならないということである。組織のリーダーは、環境の変化に応じて組織目的の達成を図らなければならないし、組織内部の構成員の欲求の変化にも対応しなければならない。バーナードの理論の基本は、このような「組織均衡理論」に立っている。

また、バーナードは、組織の参加者が組織人格と個人人格という2つの人格をもつという。組織人格とは、組織に参加している時の人格であり、組織内の立場、目的の達成に必要な活動に従事する時の人格である。個人人格とは、人間が組織に参加する動機をもった存在であるということである。人間の人格の中で、組織人格と個人人格が両立することが可能な経営をしなければならないのである。

▶権威受容説

従来の経営学・行政学では、「上司が部下に対して命令することができる理由」について、つきつめて考えなかった。当然のことと考えられていたのである。民間企業では、命令権限は、上司の上司から、その上司である社長から、その社長は株主総会から、委譲されていると説明されていた。このような考え方を「権威委譲説」という。

しかし、バーナードは、上司が命令することができるのは、部下が命令されることを受け入れているからであると説明する。これを「権威受容説」という。部下が命令を受け入れるための条件は、①命令の内容が理解できること、②命令が組織の目的と両立すると部下が信じること、③部下の個人的な利害と矛盾しないこと、④命令を実行する能力を部下がもっていること、である。いかに上司が上から命令権を付与されていても、無理に命令に従わせることはできず、さらに強要されれば部下は組織から離脱してしまうと考える。

▶誘因と貢献の理論

命令が受容可能かどうかで、命令が貫徹するかが左右されるとしたら、組織の管理者は非常に不安定な立場に置かれる。しかし、現実にはそのようにならない。

バーナードは、そこで「無《む》関《かん》心《しん》圏《けん》」という考え方を示す。命令は、部下が到底受容できないもの、微妙なもの、問題なく受容可能なものの３つに分けることができる。

問題なく受容される命令の範囲が無関心圏である。無関心圏が大きければ、組織の運営は安定する。無関心圏を大きくし、個人が進んで組織の目的の実現に貢献するために、「誘因」が与えられる。組織に参加する人間は、組織に提供する労力よりも組織から得られる誘因の方が大きいと考えるときに組織に貢献しようと考える。このような考え方を「誘因と貢献の理論」という。

組織が個人の貢献を引き出す方法には２つある。１つは、バーナードが「刺激の方法」と呼ぶ誘因を与えることである。たとえば、給料、ボーナスなどの物理的誘因、名誉や地位、すてきな作業環境といった非物質的な誘因、「集団の魅力」という言葉で表現する仲間意識など、組織は、個人にさまざまな誘因を与えることができる。

もう１つの方法は、個人の欲求の水準を変えることである。彼は、「説得の方法」と呼んでいる。これには、協働の意思のない者を解雇するといった強制的な方法、組織全体の信条やシンボルによって組織に参加することの意義を強調する「誘因の合理化」、教育や広告宣伝による「動機の注入」などがある。

▶インフォーマル組織

人間関係学派との交流もあったといわれるバーナードは、組織の目的を達成するためには、組織図に表現されるような組織に加えて、インフォーマルな組織も重要であると認識していた。

フォーマルな組織は、目的を達成するために個人が論理的に行う活動から成り立っているが、インフォーマルな組織は、無意識的・非論理的な行動、感情や習慣によって反応する。この関係は、組織の構造というものをもたないが、人間が相互にかかわり合うことによって、共通の態度、共通の慣習などを生み、組織の目的の達成や個人の参加意識などに大きな影響を及ぼす。インフォーマルな組織は、フォーマルな組織にとって、コミュニケーションを助ける機能、無関心圏と結びついて組織を安定させる機能、フォーマルな組織を団結させる機能、個人の人格や自尊心を保護する機能をもっていると指摘している。

▶バーナードの理論の影響

以上、バーナードの理論の一端を紹介したが、彼の主張は、企業経営の実践に役立つばかりではなく、組織を実証的に分析する上でも示唆に富んでいる。企業組織を中心に研究する経営学にとって、革命的であったのは、組織のメンバーは、組織の歯車ではなく、はっきりとした意思をもっていることを前提に議論を進めるという点である。

バーナードの組織均衡論は、行政組織を分析する際にも参考になる点が多い。ただし、権威受容説は、命令権限は上から与えられるもの、あるいは法律に基づくものであると考える行政組織にとっては違和感がある。むしろ、行政組織において、国民から選挙された大統領や内閣という民主的な存在からの命令が貫徹することで、民主主義が実現すると考える権威委譲説が魅力的である。しかしながら、行政国家化が進行する中で、民主的な関係が貫徹されていないという状況では、権威受容説の中にこそ問題を解決するヒントがあるかもしれない。

2　ハーバート・サイモンの組織理論

▶経営行動？

バーナードの影響を受けて、組織を科学的に実証分析できるレベルにまで高めたのがハーバート・サイモンである。彼は、正統派行政学の矛盾に気づき、その矛盾は、組織を十分科学的に分析していないからであると断じている。サイモンは、当初行政学者として登場し教科書も執筆しているが、やがて行政学から離れ、組織理論やシステム科学の研究者に転身し、後にノーベル経済学賞を受賞している。

サイモンの理論も抽象度が高くて、かなり難解である。ここでは行政学で取り上げられることが多い『経営行動』（Administrative Behavior）という本に書かれている内容を中心に説明していく。本書は、『経営行動』というタイトルで翻訳が出ているので、そのように紹介したが、英語のタイトルを見ればわかるように、「管理的な行動」という意味である

▶意思決定論

従来の経営学や正統派行政学が、どのように組織を編成していけばいい

かといった方法論を説明していたのに対し、サイモンは、現にある組織がどのようなメカニズムで動いているかを分析する必要があると強調している。組織の動きを理解していなければ、組織を改革したり、組織を率いたりできないということである。

サイモンによると、組織活動は、「意思決定」とその決定を具体的に行う「作業」から成り立っている。特に、意思決定が重要であり、組織を理解する上で、意思決定のシステムを解き明かすことが基本となる。

組織を構成するあらゆる人は、日常的に意思決定をしている。意思決定とは、ある目的を達成すると思われる複数の選択肢を探索し、その中からどれか１つを選ぶことである。意思決定の積み重ねによって、組織が動いており、組織における意思決定を分析することによって、組織を動態的に分析することができると考えている。このように、組織における意思決定に注目して組織を研究する方法を「意思決定論」という。

▶事実前提と価値前提

組織のメンバーたちは、どのように意思決定をしているのだろうか。思い思いに意思決定をしているのではなく、「決定前提」というものに則って意思決定を行っている。決定の前提には、２種類ある。

１つが「事実前提」である。目の前にある事実を参考に、ある選択をした場合、どの程度目標を達成できるかを判断の材料に意思決定をする。たとえば、買物という意思決定は、商品の値段や手持ちのお金を材料にして、その商品を購入するかしないかを決める。事実前提をもとに決定した「事実決定」は、その意思決定の正しさを後で客観的に検証することができる。

もう１つの決定の前提は、「価値前提」である。これは、組織目的、能率性の基準、公正の基準、個人的価値などを意味する。商品を購入するとき、その商品が好きかどうか、それを購入することが倫理的に正しいかどうかも、重要な決定の前提となる。価値前提に基づく「価値決定」については、それが正しかったかを後で検証することは難しい。

あらゆる組織の意思決定には、価値前提による部分と事実前提による部分が含まれており、一般的にいって、組織の上位にいくほど価値前提の占める部分が増えるとしている。

▶合理性の限界

サイモンは、組織における意思決定が完全に合理的であり得るかという問題を扱っている。それまでの経済学や経営学では、当然のように、人間は、損得を正確に計算し最善の意思決定を行うことを前提にしていた。このような人間観をサイモンは「経済人モデル」と呼んでいる。しかし、組織における決定は、それほど合理的には行われない。

第１に、知識が不完全である。組織が集めることができる情報は、個人が判断する際の情報量よりも多いかもしれないが、それでも、完全な情報を集めるのにはコストがかかるし、個人のフィルターを通して集められるので、正確な情報とは限らない。さらに、ある選択肢がもたらす結果についての完全な知識をもっていない。組織が予測しなかった意外な結果が生ずる場合が多いのである。

第２に、集団による決定であることに組織の合理性は影響を受ける。各個人がそれぞれ完全だと思う意思決定を行っても、ある個人の意思決定の結果は他の個人の意思決定に影響を及ぼすので、個人レベルの合理的な決定の集積が組織全体の合理性につながるとは限らない。

第３に、価値体系の不安定性も組織の合理的な決定を妨げる。個人は事実前提だけではなく価値前提に基づいて意思決定を行う。個人がもっている価値観は不安定であり、他人の影響を受けやすく一貫性を保ちにくい。

このような議論を展開した上で、サイモンは、「経営（管理）人モデル」を提唱している。経営人は、「最適化基準」をもとに最善の選択肢を選択するのではなく、「満足化基準」のもとで、とりあえず満足できる基準で選択肢を選ぶ。限定された情報、限定された知識の中で、とりあえず満足できる判断を行いながら組織を動かしていると意思決定者の行動を捉えた方が、組織の実態に近いとサイモンは指摘するのである。

▶意思決定のプログラム化

組織は、意思決定をルーティン化することによって、合理性の限界を克服しようとする。たとえば、100ミリ以上の雨が降った時に川が氾濫《はんらん》した経験をもった防災組織は、100ミリ以上の雨が降るとの予報が出されたときには、パトロールを強化し、土嚢《どのう》を積む準備をするというルールをつくっておけばよい。そうすることで、すべての可能性を探索して最善策を選ぶ苦労をしなくても、ルールに従うだけで、ほぼ適切な対応をとることができる。

このように、組織においてメンバーが意思決定を行う際に参照するルールをサイモンは「プログラム」と呼ぶ。組織は、経験を積み重ねることによって、似たような状況が発生した場合には、同じ判断をするようにプログラムをつくることができる。これを「意思決定のプログラム化」という。組織には、法律から事務マニュアルに至るまで、さまざまなプログラムが存在し、それを解釈しながら組織の人間は意思決定をする。プログラムが個人に与えられることで、個々の意思決定が組織全体の目的の実現とつながっていくのである。

サイモンの意思決定論やプログラム化の議論は、現在でも十分通用するアイディアに満ちており、行政研究の最前線においてもいまだ活用されている。

[風間規男]

第8章

官僚制の理論

1　マックス・ウェーバーの官僚制理論

▶マックス・ウェーバーと近代

行政学の主な研究対象は、官僚制の形態をとった行政組織である。人間を組織的に支配する仕組みは、有史以来存在していたはずであるが、絶対王政の時代、ヨーロッパに生まれ、近代国家において活動する官僚制は、それ以前のものとは本質的に異なると捉えられている。そのような近代的な特質を備えた官僚制が、ヨーロッパからアメリカやアジアの日本にまで広がって存在しているのである。

官僚制の研究で最も有名なのはドイツの社会学者マックス・ウェーバーであろう。ウェーバーは、官僚制についての議論を純粋な学問的研究のレベルにまで高め、他の国の行政組織や一般組織にまで当てはめることができる一般理論として官僚制のモデルを提示した。社会学、経営学、そして行政学における官僚制研究は、彼の影響を多かれ少なかれ受けている。

ウェーバーの社会学は、官僚制について論じられている「支配の社会学」だけでなく、経済と社会の関係、宗教社会学、都市社会学など多岐にわたっている。彼の基本的な関心の対象は、近代における「合理化」の過程である。合理化というのは、目的を実現する手段を、魔術や占いではなく、科学や計算の力で導き出すプロセスを意味する。彼にとって、近代とは、「脱魔術化」

の過程であり、官僚制の拡大もその中に位置づけられている。

▶ 支配の形態

ウェーバーの官僚制理論の理解には、支配の正当性に関する議論を押さえておく必要がある。人々が特定の個人や集団によって支配されるのを当然のことだと考えるとき、その支配者は、支配の正当性をもっているという。ウェーバーは、このような正当性をもつ支配形態を「カリスマ的支配」、「伝統的支配」、「合法的支配」の３つに分類している。

カリスマ的支配とは、人間的な魅力や超人的な能力の持ち主による支配である。カリスマ的な指導者は、歴史的にいえば、革命や混乱の時期によく出現し、それまでの体制を崩壊に導き、新しい秩序をつくり上げる。しかし、個人の人間的な魅力や超人的な能力とそれに対する民衆の支持というあやうい関係で成り立っているために、不安定な体制となる。

伝統的支配は、歴史の重みを利用して、血統や家系に基づいて行う支配である。伝統やしきたりを重んじるので社会を変革する力はなく、安定した社会に向いた支配形態である。

そして、合法的支配とは、あらかじめ定められた法や規則、組織のトップ（ヘル[Herr]）による命令に基づき、個人の主観を排して行う支配である。近代的な民主主義体制では、国民の代表で構成される議会が法をつくり、その法を根拠にして統治を行う支配形態となる。

３つの支配形態は、「理念型」として存在しており、現実の統治システムは、この３つの要素のミックスで成立している。しかし、ウェーバーは、近代の思考様式が広がるにつれて、合法的支配の要素が強まっていくと考えていた。そして、官僚制は、３つの支配類型のどれでも機能するが、規則に則って行動する官僚制は、合法的支配が求める帰結であり、市場メカニズムと並んで、近代の合理主義に合致した装置だと捉えられている。

▶ 家産官僚制と近代官僚制

ウェーバーが関心をもったのは、近代官僚制の特殊性である。近代官僚制は、絶対王政の時代に成立したが、それ以前にも官僚制（彼は家産官僚制と呼ぶ）は数多く存在していた。しかし、そのたどった歴史を見ると、すべて崩壊し消滅していく運命にあった。それに対して、ウェーバーは、近代官僚制は、永遠不滅であるという。家産官僚制と近代官僚制の分水嶺として、次の３点を挙げることができるであろう。

第１に、物理的権力手段の国家への集中である。ウェーバーは、国家を「ある特定の地域の内部で、正当な物理的暴力性の独占を要求する（そしてそれに成功した）共同体」と定義しているが、物理的な力の行使や威嚇《いかく》によって、ある地域に継続的に秩序を維持するのに可能な軍事力や警察力、そのベースとなる武器や人材が、地方領主や民間人から国家に移り、国家に集中していることが必要である。

第２に、貨幣経済が発達し、税という形で国家が運営資金を集中管理する体制が生まれたということである。国家を運営していくためには、行政活動に必要な資金や人的資源を安定的に調達しなければならない。農作物をベースに社会が成り立っているうちは国家財政が安定しない。貨幣経済の発達によって、資金の輸送・貯蔵が可能になり、官僚制を支える資源を集中的に管理することができるようになった。

第３に、官職の社会化が起こることである。官職を売買や世襲することができると考える私有観が支配しているうちは、腐敗が構造的に起こり、合法的な支配の正当性が失われる危険がある。官職は、社会全体に奉仕するために存在し、その職にふさわしい人物が、その能力ゆえに職務を担当するという理解が共有される必要がある。また、高度な知識と能力をもった優秀な人材を官僚制に取り込んでいくには、公開競争試験により一般の国民の中から広く任用していくのが最もよい方法である。ヨーロッパでは、身分にかかわらず、優秀な人材を試験によって登用するという体制が整えられたのが、絶対王政の時代であった。

▶ 近代官僚制の構成条件

近代官僚制の特徴や条件を、ウェーバーはさまざまな機会に示している。その中で、重要と思われるものをいくつか挙げておく。

第１に、規則による規律の原則である。官僚制は、個人の主観を排し、あらかじめ定められた規則に則って動く。

第２に、明確な権限の原則である。権限という形で仕事の範囲が分業体系の中で決められており、それに必要な法的根拠が明確に示されているということである。

第３に、階統制構造の原則である。組織形態がピラミッド型をしており、上司の命令に対し部下は服従するという上下関係が形成されている。

第４に、公私分離の原則である。職務を行う公的な時間・場所と、プライベートな時間・場所とが明確に分離されていることを意味する。

第５に、文書主義の原則である。これは、官僚制内部のコミュニケーションが文書という形で行われ、記録として保存されることを意味する。

以上のような条件も、理念型としての官僚制をイメージして提示されていることに注意する必要がある。この５つの条件を完璧に満たした組織は、現実には存在しない。しかし、ある組織がそのような特徴を備えていけば、官僚制としての特徴が強まっていくことになり、官僚制のもつ合理性が高まると考えられる。

2　官僚制の病理

▶官僚制の批判理論

ウェーバーは、官僚制の合理的側面を重視して議論を展開した。ウェーバーの言葉を借りれば、近代官僚制は、職務の正確性・迅速性・明確性・継続性・統一性・能率性において、どのような組織形態よりも優れている。

しかし、そもそもヨーロッパで官僚制の研究が始まったのは、官僚制がさまざまな面で問題を引き起こしており、問題の発生メカニズムに関心が集まったからである。たとえば、イギリスの政治学者のハロルド・ラスキは、官僚制を「一群の特権的官吏団が政治の実権を握り、一般市民の自由が侵害されるおそれのある状況」であると考えている。われわれが「官僚主義」「官僚的」と聞くと悪いイメージをもつように、官僚制という言葉自体に、批判的な意味合いが含まれている。

このように考えると、ウェーバー以降、官僚制の問題点・病理にスポットを当てた研究が深められてきたのも自然のことであった。ここでは、ウェーバーの官僚制理論に批判を加えつつ、官僚制の病理的な側面に着目して行われた研究をいくつか紹介しておく。

▶官僚制の不合理性

官僚制に対する最も強力な批判は、官僚制がウェーバーの主張するほど合理的なものではないといった、官僚制の本質そのものを疑う議論である。

アメリカの社会学者ロバート・マートンは、官僚制がその特徴を強めていくほど合理性を失っていくことを官僚制の「逆機能」と呼んだ。官僚制では、規則に則った行動が重視される。しかし、規則による規律の原則が徹底されればされるほど、規則を守ること自体が目的化する。規則を守らなければならないのは、それによって組織の目的をよりよく達成できるからであるが、規則遵守にこだわるあまり、組織の目的が見失われ、目的の実現を邪魔してしまうことになる。つまり、ウェーバーが主張するような形で組織が官僚制としての特徴を強めると、目的と手段の「入れ替わり」が起こり、官僚制が不合理な行動をとるようになるという。

また、フィリップ・セルズニックは、テネシー渓谷開発機構（TVA）の事例研究により、官僚制における熟練と専門化が、官僚の視野を狭くし、自分の所属する集団への愛着を強め、組織全体の目的に反するような方向で価値や行動様式を発展させるプロセスを浮かび上がらせている。

２人の指摘以外にも、規則による規律の原則からは「形式主義」が、権限の原則からは「セクショナリズム」が、階統制の原則からは「無責任」が、文書主義の原則からは「レッドテープ」（繁文縟礼《はんぶんじょくれい》）が生み出されることが指摘される。官僚制の特徴を強めれば合理性が高まるというウェーバーに対して、逆に機能が失われるという批判は、相当な説得力をもっている。

ただし、官僚制にとって代わるような合理的な組織構造は、いまのところ発見されていないという事実は残る。安定した行政活動を行うためには官僚制構造をとらざるを得ず、基本は官僚制構造で、必要に応じてプロジェクトチームをつくるなどして官僚制の欠点を補完していくことになる。

▶ 官僚制メンバーの疎外

ウェーバーの理論では、官僚は、機械の歯車のように、主観をはさまずに行動することが要請される。彼の官僚制のヒントとなったのは、軍隊と教会組織である。軍隊をイメージすればわかるように、優秀な軍隊では、部下は上司の命令を信頼し、絶対服従の関係がつくられている。

しかし、それは官僚に対して非人間的な行動様式を要求することを意味し、そのことが官僚の人格的な破壊、人間疎外をもたらすといった批判につながっている。

ウェーバーは、もしも上司の命令が誤っている場合、部下には上司にその旨を伝える義務があり、命令の訂正を求めることができるが、それでも上司が命令を変更しない場合は、命令に従わなければならないとしている。このようにして、命令に従った部下の責任は消滅し、上司に責任が集中することになる。この責任関係が問われたのが、第二次世界大戦後に行われたニュルンベルク裁判である。軍関係者は、上層部の命令に従ったにすぎないとして責任の追及を免れようとしたが、人道に対する罪に対しては、主張は受け入れられなかった。

もちろん、日常的な業務の遂行において、官僚は、そのような過酷な状況に置かれているわけではない。職務上機械のように行動することが求められるにしても、公的な生活と私的な生活が分離されていれば、プライベートな時間の中で、家族や友人との会話や趣味を楽しむことによって人間性を回復することができる。また、上司は部下の行動を逐一監視しているわけではなく、規則にも必ず解釈の余地があるので、自分の判断を生かす部分を見つけることができる。

▶官僚制に対する民主的統制

ウェーバーにとって、官僚制を民主的な社会にどのように組み込むかは、大きな課題であったはずである。近代官僚制は、絶対王政の時代に成立し、国王が臣民を支配する装置として登場した。つまり、民主的な状況の中で成立したわけではない。官僚制の内部も、ヒエラルキー構造をもつということは平等が実現しているわけではないし、規則や命令に服従を求められるということは自由が保障されているわけでもない。

つまり、官僚制の内部には、自由と平等を基礎とする民主的な関係が存在しない。このように本来的に「非民主的な」官僚制を民主的な目的に利用するにはどうしたらいいか。

そこで、ウェーバーは、官僚制のトップに、官僚制とは異質の人間を置くことを考えた。近代官僚制が成立した絶対王政期には、官僚制のトップに国王が君臨していた。しかし、市民革命により成立した民主的な国家では、国民主権となり、概念上、国王の代わりに国民が官僚制のトップにくる。国王と国民を入れ換えてしまえば、官僚制の構造を維持したまま、国王の支配装置を、国民が国民を統治する民主的な装置として生かすことができる。

［図表8-1］ ウエーバーによる官僚制に対する民主的統制の図式

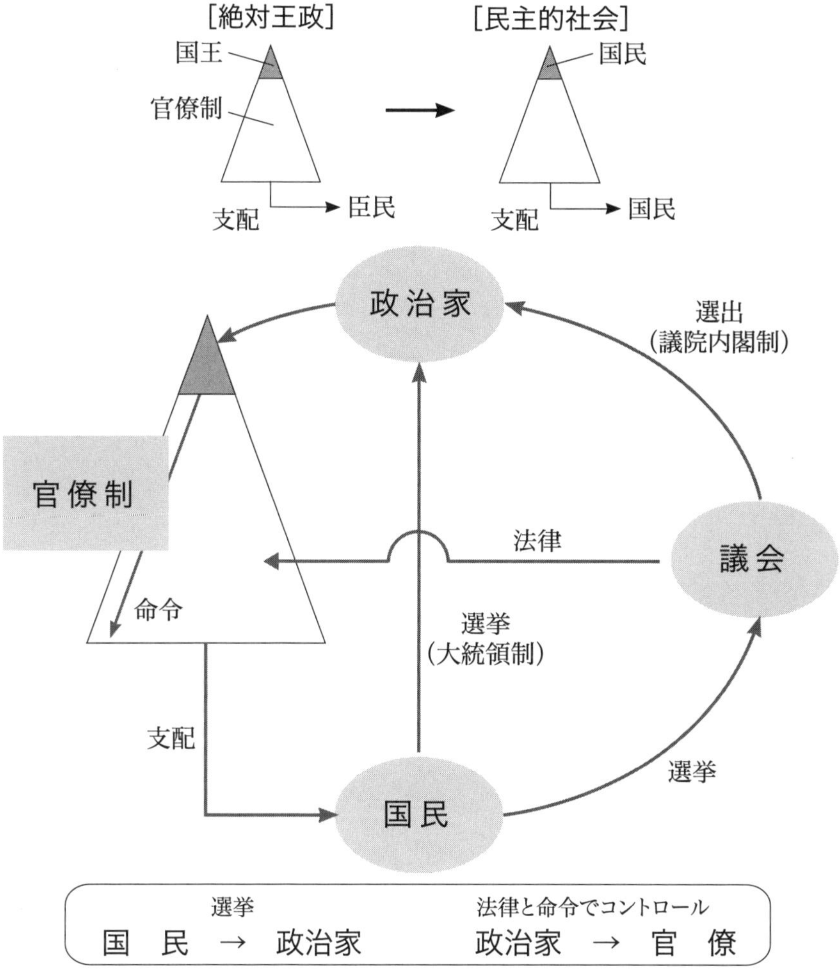

（筆者作成）

実際は、国民全体を官僚制のトップに置くことはできないから、民主的な手続きによって選ばれた政治家が置かれ、官僚制を「道具」として使いこなす。つまり、命令や規則に絶対服従する道具としての性質を強めれば、それだけ官僚制は民主的な社会に役立つことになる。

また、官僚制は、法律に基づいて行政活動を展開する「法律による行政」が求められる。一見、官僚制が国民を支配しているように見えるが、その法律は議会が制定したものなので、議会が法律を通じて国民を支配していることになる。その議会には、選挙を通じて国民の意思が反映されているので、結局のところ、法律に従った官僚制の行動は、国民の意思に基づくものとなる。

このような図式で、ウェーバーは、民主主義を実現する手段として合理的な官僚制という構造を利用できると考えた。

官僚制を民主主義社会の手段として利用するためには、

①官僚制のトップに立つ政治家が国民の意思を忠実に反映していること
②政治家が確実に官僚制を統制することができていること

という2つの条件を同時に満たす必要がある。

しかし、**第2章**で見てきたように、行政国家化が進行するにしたがい、この2つの条件を成立させることが難しくなってきている。「代議制の危機」がいわれ、価値が多元化した大衆社会において、政治家の国民代表性が疑われる状況が顕著となっている。また、行政の構造は複雑化し、任務に高度な専門知識が求められるようになり、政治家が官僚制を統制しているとはいえなくなっている。

ウェーバーが考えた官僚制を民主的に統制するモデルは、現代社会では妥当性をもたなくなってきている。だからこそ、政治家に全面的に頼ることなく、官僚制を民主的な統制のもとに置くための手段を絶えず考えていく必要性が高まっているといえよう。

［風間規男］

第9章

政策過程の理論

1　政策科学とPPBS

▶ 行政学と政策学

日本の行政学者には、政策過程を研究している者が多い。日本では、重要な政策の多くが官僚制の内部でつくられており、行政を研究対象とする行政学者は、必然的に政策が形成され実施されていくプロセスを研究することになるからである。ここでは、アメリカの政治学における動向を中心に、政策過程に関する議論を簡単に紹介しておく。

▶ ラズウェルによる「政策科学」の提唱

政治学の世界で政策学の基本的な考え方を提示したのが、ハロルド・ラズウェルである。第二次世界大戦後、アメリカは、ソ連（当時）との間の軍事的なバランスの上に成立する「冷戦構造」を構築していく過程にあった。ラズウェルの問題意識は、国家の貴重な知的資源をどのように活用すればよいかという点にあった。政策を形成するにはさまざまな知識の動員が必要とされるが、西側諸国の学問の状況を見ると、あまりに専門分化しており、学問的な成果を「政策」に生かすことが難しくなっていた。

一方、ラズウェルには、ソ連では、研究者の自由が制限されているがゆえに、有効な形で知的な資源が国家の政策に動員されているように見えた。

そこで、自由の国アメリカにおいても、優れた政策を生み出すことを目的として、経済学・政治学を中心にいろいろな学問領域の成果を結集する「政策科学」の必要性を訴えたのである。ラズウェルは、政策科学を「社会における政策形成過程を解明し、政策問題についての合理的判断の形成に必要な資料を提供する科学」と定義している。

▶機能別予算方式

ラズウェルを中心として提唱された「政策科学」は、政治学者・経済学者から支持を得ただけでなく、現実の政策現場に大きな影響を及ぼした。

まず、政策科学の発想を現実の政策過程に生かしたのは国防総省である。1961年、ケネディ大統領により国防長官に任命されたロバート・マクナマラは、ランドコーポレーションというアメリカ最大の研究機関から多くの経済アナリストを国防総省に呼んだ。そして、それまで制服組が担当していた予算編成方法の大幅な見直しを行った。

最も重要な変更は、組織別に予算要求を行う手続を改め、武器調達、研究開発、作戦行動というように機能別に予算項目を組み替えた点である。機能別に予算項目を分けることで、「ある目的を実現するためにいくら必要か」をひとつひとつ検討しやすくなった。

▶システム分析とPPBS

機能別予算方式のもとで、システム分析が行われた。システム分析では、まず、問題の発生原因を分析し、状況の変化を予測するなどの「問題の明確化」を行う。次に「目的の設定」を行う。目的とは現実と理想のギャップであり、そのギャップをどの程度埋めるのかを決定する。次に、その目的を達成するために考えられるあらゆる「代替手段の探索」を行う。これまでのやり方も特別扱いせず代替手段の1つとして捉える。そして、それぞれの手段について、「パフォーマンスの予測」が行われる。当時開発されていたオペレーションズ・リサーチなどの手法を駆使して、最も有効なものを、費用と便益のバランスの中で徹底比較するのである。

このシステム分析を予算過程に組み込むことで、これまで前年度主義でなし崩し的に決められてきた予算をゼロから洗い直し、従来のやり方が最善なのかを問い直して、予算を削減することに成功した。この分析は、

PPBS（Planning Programming Budgeting System）にも活用された。

PPBSは、長期の計画（plan）と単年度の予算編成（budget）を、プログラム（program）という中期計画を媒介として結びつけ、計画・プログラム・予算の編成に当たりシステム分析を実施し、費用とそれによって得られる効果の比較を徹底して行うものである。この方式は、国防総省という予算項目と任務の目的との関係が明確化しやすい機関では一応の成功を収め、PPBSに対する信仰が生まれた。そして、ジョンソン大統領は、1965年８月に、この方式をすべての省庁に適用することを決定した。

▶ PPBSの失敗

しかし、結局、連邦機関におけるPPBSの導入は、さしたる効果を上げないまま、1971年、ニクソン大統領の時代に廃止されてしまった。それには次のような理由があったといわれる。

第１に、一般職員では、PPBSの要求する高度に科学的な分析を行うことができなかった。結局、シンクタンクに委託する機関が多くなり、そこにコストがかかってしまった。予算削減のために導入されたPPBSであるが、その実施コストが予算削減の効果より上回るケースが出てきたのである。

第２に、計画やプログラムの目指す目的が数値で明確に表現できない教育や福祉の分野では、十分な予算が配分されないことが問題になった。

第３に、システム分析を駆使して採択されたプログラムが予定どおりの成果を上げなかった。政策を実施する段階で、成果を阻害する不確定要因や政治的な要因などが発生してしまった。

第４に、システム分析の結果が意図的に操作されていることがわかった。担当者は、従来のやり方の正しさを「こじつける」ために、専門家に対してその選択肢が最善であるかのようなデータをつくり上げるように要請することが常態化していたのである。

このような理由で、PPBSは失敗に終わり、公式の制度としては廃止された。しかし、その精神は生き続け、ニクソン大統領のときの「目標による管理」、カーター大統領・レーガン大統領の頃の「ゼロベース予算」「プログラム評価」、クリントン大統領時代のGPRA（Government Performance and Results Act）へと受け継がれていく。

2 政策形成・決定の理論

▶政策循環過程

政策過程論では、①政策によって解決すべき問題を発見し課題を設定する「課題設定」、②政策課題を解決する方策を開発し、政策を正式に決定する「政策形成・決定」、③決定された政策を実施する「政策実施」、④実施された政策が効果を上げているかどうか確認する「政策評価」といったプロセスで把握される。政策評価のステップで、政策が効果を上げていないということになれば、問題の発見につながっていく。

以上のような政策の循環過程において、行政機関は政策実施過程だけを担うのではない。行政国家化とは、政策過程のすべての段階において、行政機関が主導的な役割を果たしたり、影響力を及ぼしたりする状況を意味しているのである。

[図表9 - 1] 政策過程のサイクル

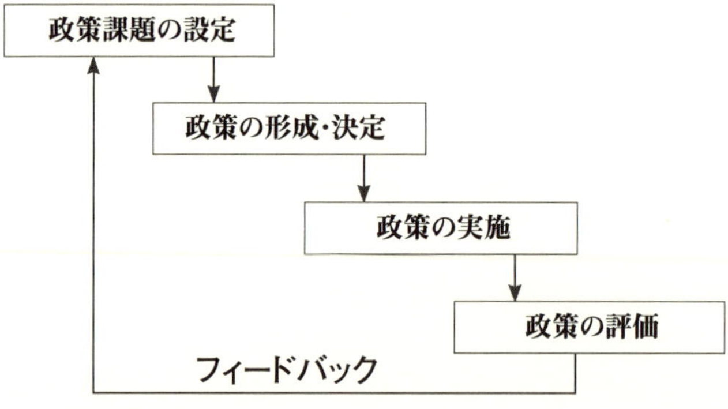

▶インクリメンタリズム

政策過程の中で形成過程の研究は、政治学の中心テーマであるといってもよく、豊富な業績が蓄積されている。ここでは、政治学者の多くが共通にもっている政策形成のイメージを「インクリメンタリズム」(漸変《ぜんぺん》主義) と「プルーラリズム」(多元主義) という2つの言葉で集約して説明しておきたい。

システム分析では、問題解決のためのあらゆる手段を総覧的に洗い出し、最善の解決を図ろうとするが、人間の将来予測能力はそこまで及ばない。

1959年、チャールズ・リンドブロムは、そのような総覧主義を前提とする合理主義モデルは虚構であるという論文を発表する。そこで主張されたのが「インクリメンタリズム」という考え方である。

システム分析のようにゼロから最善の選択肢を探索していたのではコストがかかってしまう。現時点を前提として、そこからどのように動くのかを考えるべきであるという。予算でいえば、前年度の予算額を前提に、それより上乗せするのかマイナスするのかを検討すればよい。政策決定の現場から見れば、合理主義モデルは非現実的であり、インクリメンタリズムの方がリアリティがある。

なお、アミタイ・エチオーニは、混合走査法モデルを提示している。それほど重要ではないルーティンな問題については、インクリメンタリズムに従って判断をすることで、意思決定にかかるコストを下げる。一方、組織にとって未経験で重要な問題が発生した場合には、走査法を用いて、綿密な分析を重ね、最善の手段を合理的に選択するというものである。

▶ プルーラリズム

もう1つの重大な政策形成のイメージは、「プルーラリズム」である。政策の形成は、1人の人間が独力で行うのではなく、複数の人間がそれぞれ自分の利益を追求すべく行動し、その相互作用により、政策の形成・決定が行われるというイメージである。

多くの人間・組織が自己の利益に適った政策を生み出そうと、政策過程にかかわる。それで「調整者なき調整」が自然と行われ、最終的に決定された政策は、おそらくすべての人に若干の不満を残すにしても、社会全体として見ればすばらしいものになるはずであるという。

プルーラリズムは、多元的な民主主義観と深く結びついている。政策のプロセスはできるかぎりオープンであるべきで、政治家も官僚も圧力団体も選挙民もさまざまなアクセスポイントで影響を及ぼそうと努力する。そのような世界が民主的であるという思想である。

▶ アリソンの3つのモデル

政策研究では、政策過程を「モデル」に当てはめて分析することが多い。グレアム・アリソンは、1971年に発表した『決定の本質』において、意思決定のモデルを「概念レンズ」という言葉で説明している。事実は同じでも、採用するレンズの違いによって、事実の見え方、説明の仕方が異なってくるということである。

アリソンは、3つのモデルを示し、1962年、ソ連のフルシチョフがキューバに核ミサイルの配備を試み、アメリカのケネディ政権が海上封鎖で対抗した「キューバ危機」を題材にして、事態がどのように解釈されるのかを示している。

第1のモデルは、「合理的行為者モデル」である。このモデルでは、国の決定があたかも一人の人間が行ったように説明され、アメリカやソ連といった国がある決定をしたのには、何か合理的な理由があったに違いないと考える。その国にとってどのような選択肢が存在し、その中で、どのような理由で、ある決定が選択されたかが説明されることになる。

第2のモデルは、「組織プロセスモデル」である。このモデルでは、政府は、一枚岩ではなく、複数の組織がゆるやかに連合していると考える。政府の指導者は、下位組織を通じて送られてくる限られた情報に基づいて少ない選択肢から決定している。トップで決定が行われると、決定の内容はいくつもの課題に小分けにされ、下位組織にもたらされる。組織は、課題の提示を受けて、プログラムを発動させ、サイモンの「経営人モデル」のように、前例を重視しながら、満足化基準（⇒第7章「2 ハーバート・サイモンの組織理論」）をもとに判断を行う。

第3のモデルは、「政府（官僚）政治モデル」である。このモデルでは、政府を、大統領の側近や組織のトップなどの政策エリートの集合として捉える。エリートたちは、それぞれ目的や利害をもち、「政治」というゲームを行っている。政府の決定は、それぞれの地位を占めるプレーヤーが駆け引きをした結果としてあらわれる。通常、このモデルでは、プレーヤーとしてゲームに参加しているエリートが特定され、その立場や目的が明らかにされる。次に、プレーヤーがもっている情報や権限などのカードの違いが示され、プレーヤー間の駆け引きがどのような決定を生んだのかがストーリーとして描かれていく。

▶ 新制度論の登場

政策形成・決定過程の研究では、通常プルーラリズムに基づいて事例が分析されるが、ここにジレンマがある。精緻な分析をすればするほど、誰もその内容に決定的な影響を及ぼすことができず、相互作用の結果として政策が生まれるという姿が描かれることになる。そうならば、1人の人間である政策研究者もまた政策の結果に影響を及ぼすことができないことになり、どのような政策を形成すればいいのかといった処方箋を示す意味が失われてしまう。つまり、観察はできても提言はできないことになる。

しかし、1980年代後半からプルーラリズムの行き過ぎに反省が起こり、制度論の復活がいわれている。ここでいう「制度」は、憲法体制や法律・規則といったものだけでなく、政策過程に、誰が、いつ、どのような形で参加できるか、どのような手順で合意を図っていくかといった公式・非公式のルールを意味する。そのような「制度」が個々のアクターの行動や政策の形成に影響している。たとえば、自民党の非公式ルール（制度）に、一定当選回数以上の議員を大臣にするというものがある。この制度の存在により、総理大臣は、自分の意思で大臣を選ぶことができず、総理大臣のリーダーシップを阻害している。

どのような制度の存在が、ある決定や政策の形成に影響を及ぼしているのかを明らかにして、制度の機能を分析するのが「新制度論」である。新制度論は、プルーラリズムを完全に放棄して制度だけを研究するのではなく、制度がアクターの行動とアクター間の多元的な相互作用に及ぼす影響を、分析の対象としている。新制度論の登場により、制度を変えることによって、アクターの相互作用を変えるという改革志向の発想をもちやすくなった。

3　政策実施の理論

▶トップダウンアプローチ

アメリカでは1960年代に入ると、政策を形成する段階で最善のものを選択しても、それが期待された効果を上げないという経験が蓄積された。その理由を探るべく、J.L.プレスマンとA.ウィルダフスキーは、商務省経済開発局（EDA）の事例を取り上げた。

1966年4月、EDAの局長が都市補助金プログラムを発表し、カリフォルニアのオークランド市で行われる公共事業に対して、2000万ドル以上の補助金の給付などを行うことになった。当時、オークランド市は、全米平均の２倍以上の失業率に苦しんでいたが、このプログラムにより3000人分の新しい雇用が生み出されることが期待された。このプログラムは全米の評判の的になり、その成功は確実視されていた。

しかし、３年後の1969年３月にEDAがオークランド市議会に提出した報告書によると、３年間に投資された額はわずかに108万5000ドルにすぎず、それによって生み出された職は43にすぎなかった。この失敗のプロセスを追うことで、プレスマンとウィルダフスキーは、政治的な合意ができていたにもかかわらず、プログラムが期待された効果を発揮できなかった原因が、市の担当者が都市開発事業を主導する知識・能力と意識に欠けていたこと、事業の計画段階で地元住民が反発し地元政治家の支持が得られなかったことなど、プログラムの実施段階にあったことを明らかにした。

それ以外にも、1960年代の中頃ジョンソン大統領の時代、「偉大な社会」計画のもとに形成された都市再開発や教育改革、人種差別撤廃政策などの多くのプログラムが期待した成果を上げることができなかった。２人の発表した『インプリメンテーション』という本で明らかにされたのは、政策自体に問題があるのではなく、その実施過程に問題があるという事実であった。このように、政策・プログラムが実施に移され、実際に「効果が上がる—上がらない」までのプロセスを追う研究方法を「トップダウンアプローチ」と呼ぶ。

このアプローチでは、たいていの場合、中央政府がある政策を公式に決定し、それが実施されていくプロセスを追い、政策実施者が期待されたとおり行動したのか、政策決定時に期待された目標がどの程度達成されたのか、政策の効果にどのような要因が影響したのかといった側面に焦点が当てられて分析が行われる。そして、有効に政策が実施されるための条件について分析が行われる。政策実施分析の多くは、官僚制の組織や行動にスポットを当てるので、とりわけ行政学の研究関心と重なり合う部分が大きい。

▶ボトムアップアプローチ

トップダウンアプローチのような方法では政策実施過程の実態を把握することができないと批判する研究者も多い。たとえば、マイケル・リプスキーは、ケースワーカーや教員、警察官など、市民が日常的に接触している「ストリートレベルの官僚」を研究した。

一般的に、現場の職員は、法律や規則に拘束され、マニュアルに則って行動しているように思われている。しかし、実際は、いろいろな状況に柔軟に対応するために、マニュアルには解釈の余地が残されており、広い裁量が認められている。また、多数の規則に囲まれているというのも、彼らに戦略的な行動をとらせる余地を与える。法令のジャングルの中から自分にとって都合のいい法令を選びとって活用することができるからである。

リプスキーが描いたのは、現場の職員が、法律や規則、トップダウンアプローチでいうところの政策を解釈しながら、対象となる人たちと相互作用を展開し、問題の解決を図っていくというヴィヴィッドな姿である。法律や規則そのものが政策なのではなく、それらをめぐって現場の職員と対象集団の間に相互作用が起こり、そこに一定のパターンが存在するとき、それこそが「政策」なのである。

このような視点に立ち、下から上に向かって政策がつくられていくと考えて政策実施過程を分析する立場を「ボトムアップアプローチ」と呼ぶ。たいていの政策は、実施段階で発生する事態をすべて予測してつくられておらず、すべてがこと細かく決められているわけではない。だから、実施担当者は、政策を柔軟に解釈して、環境に適合させている。この行為は、政策の実施というよりも、政策の形成に近いということである。

[風間規男]

第10章

行政統制・行政責任の理論

1　行政統制と責任論争

▶行政統制の必要性

民主主義国家において、行政は、国民のために存在する。しかし、国家の役割が増大し、行政組織が複雑化するにしたがって、官僚は政治家のコントロールから自律していき、「権力の魔力」にとらわれ、国民全体の利益よりも自分たちの利益を考えるようになる。だから、行政を担う者に対して、常に国民の存在を意識させ、国民の利益のために活動することを要求する行政統制の仕組みが必要となる。

▶ギルバートによる行政統制の類型

行政責任を確保する統制の仕組みには、いろいろある。チャールズ・ギルバートは、行政統制を制度的な統制と非制度的な統制に分けている。議会や裁判所による統制などは、制度として成立している統制である。利益集団による圧力やマスメディアによる批判報道などは非制度的な統制に含まれる。

さらに、ギルバートは、統制をもう１つの次元で分けている。外在的な統制と内在的な統制である。相対的ではあるが、議会や裁判所による統制など、統制される行政にとって外側の存在による統制は外在的統制、省内の官房による局に対する人事や予算のチェック、また上司の命令などは内

［図表10－1］ギルバートによる行政統制の類型

	制度的統制	非制度的統制
外在的統制	議会による統制 執政機関による統制 裁判所による統制 オンブズマンによる統制	利益集団による圧力 専門家集団による批判 労働組合による交渉 マスメディアによる報道
内在的統制	会計検査院・人事院による統制 各省大臣による統制 官房組織による統制 上司による命令	職員組合の批判 同僚職員の評価・批判 自己規律

在的な統制である。

制度的外在的統制を担う議会や裁判所は、伝統的な統制の主体であり、三権分立に基づく統制システムは、この２つを中心に構成されている。行政統制をめぐる本質的な問題は、伝統的な統制手段だけでは、行政を統制することが難しくなってきているということである。

▶ファイナーとフリードリッヒの責任論争

行政統制に関連して、行政学でよく取りあげられる有名な論争がある。ハーマン・ファイナーとカール・フリードリッヒの「責任論争」である。この２人は、行政責任をいかに確保するかについて、1940年代に激しい論争を繰り広げた。単純に図式化していえば、ファイナーが外在的制度的責任を重視し、フリードリッヒが内在的非制度的責任を重視したのである。

フリードリッヒは、行政の仕事の内容が複雑化・専門化した状況では、議会による統制は権利の乱用を防ぐといった消極的な役割しか果たさず、行政責任を確保する上で実効性がないという。むしろ行政官は、「科学の仲間」ともいうべき同僚たちにより、専門的立場から厳しい批判を受けることによって行政責任が確保される。彼は、このようにして確保される責任を「機能的責任」と呼ぶ。もう１つ、そのときどきの社会における民衆の感情に応答して判断し行動する責任を挙げ、この２つの責任を達成することができる者が責任ある行政官であるという。

これに対して、ファイナーは、行政責任とは、「ＸがＹについてＺに対して説明できる」ことを意味しており、説明しなければならない機関ないし個人が外部に存在している点が本質的に重要であると主張する。外部の存在＝議会を否定して、フリードリッヒのように行政内部の行政官同士の良心に力点を置く責任は、外部から見るとなぜ責任をとったのかよくわからない日本の「はらきり」のようなものだと批判する。

２人の間で何度かやりとりされたものの、議論は平行線をたどった。ファイナーは、責任とはどうあるべきかにこだわり、フリードリッヒは、現実として責任をどうすれば確保できるかにこだわったといえる。行政学者片岡寛光は、責任を担う個人によって自らの行動規範として内在化されない限り、責任は全うされないと述べている。つまり、統制の仕組みは、そのような責任の内在化を促すものでなければ意味がない。

▶プリンシパル・エージェント理論

最近、経済学において、プリンシパル（本人）とエージェント（代理人）の関係を設定し、企業組織の分析が行われている。このようなプリンシパル・エージェント理論を使って、新しい視点から行政統制の研究が行われている。その一端を紹介しておく。

この理論の中心テーマは、「情報の非対称性」関係の存在である。まず、雇用者と労働者、依頼人と弁護士、投資家とブローカーなどの本人と代理人関係を想定する。この関係において、代理人は本人よりも豊富な専門知識をもっている。代理人が自己の利益を最優先して行動する中で、依頼者の望む行動を代理人にとらせるにはどうしたらよいかという問題設定を行う。依頼者は、報酬などの誘因構造を形成することで代理人の「手抜き」を防止しようとするが、代理人にとって都合のよいように情報が操作される可能性がある。代理人の誠実な行動を引き出すために、どのような戦略がとれるのかが議論されている。

この理論が政治学にも利用されている。バリー・ワインガストは、連邦議会と官僚制との関係の説明にこのモデルを利用している。連邦議会を本人、行政機関を代理人に見立てて、議会が行政機関を十分統制していないという従来の見解に反論を加えていく。

たとえば、議会は、行政に対して何を任せるかを決めることができる。

あまりに監視コストが大きい仕事は任せないという決定もできる。また、①選挙民がデシベルメーターの役割を果たし、行政の入力・出力を監視し限度を越えるとその情報が議員に伝わる、②予算の配分をめぐって行政機関を競争させ誠実な対応を引き出す、③行政機関が失敗した場合には大きな制裁を加える、④高官の任命権を利用する、といった方法が開発されている。このようにして、議会は直接監視を行わなくても有効に行政を統制しているというのが結論である。

この理論を、国民（本人）と議員（代理人）、大臣（本人）と官僚（代理人）といった関係に当てはめることで、国民を頂点とする民主的ヒエラルキーの中で、いかにして本人である国民の意思が最終的な代理人である官僚の行為に結びつき、誠実な対応を引き出すのかといった問題設定が可能となる。

2　伝統的な行政統制手法

▶議会による統制

行政統制を行う主体の中で最も重要とされてきたのは、議会である。なぜなら、議会は、国民を代表する政治家によって構成されており、国民の意思を反映する主体として、行政を統制する十分な資格を備えていると考えられてきたからである。

議会統制の要は、議会が法律をつくって行政に法律に則った行動を要求する「立法統制」である。しかし、行政国家化により、「法律による行政」(⇒**第2章**）を貫徹することが難しくなってきている。行政の仕事が複雑になり膨大になる中で、議会主導で法律をつくるのは能力的に厳しい状況にある。官僚が法律案を作成している現実では、行政を拘束するはずの法律は、行政がやりたいことに法的な根拠を与えるものになっているといっても過言ではない。

立法統制以外にも、予算審査を通じての統制、政府の構成について人事的な同意権を行使することによる人事統制、国政調査権に基づく統制など、議会による統制のためのさまざまな仕組みが用意されている。

日本における議会統制の制度および実態、問題点については、**第11章**の「議院内閣制(1) 国会と内閣」を参照して欲しい。

▶ 裁判所による統制（司法統制）

司法統制は、裁判所が、行政を相手取った訴訟の提起に応じて、憲法や法律の解釈を行い、行政に非があればそれを是正させ、行為の取り消しや賠償や補償を命ずることを通じて行われるものである。国民にとって、裁判所による統制は、行政活動の合憲性・合法性を行政と対等な立場で、法廷という公開の場で争うことにより、自らの権利利益を守る最終手段である。しかし、この司法統制も現在難しい状況に直面している。

その原因は、第1に、裁判制度が確立してからいままでの間に、行政の任務内容が大きく変化したことによる。福祉国家化が進み、行政と国民がかかわる場面が増えたことで、行政と国民の間に発生するトラブルも増加し、裁判所に数多くの訴訟がもち込まれるようになった。また、行政の仕事が高度・複雑・専門化したことによって、事件に対する司法判断にも専門知識が必要とされるようになった。裁判官は、法律の専門家であっても技術的な専門知識をもっておらず、適切な判断ができないケースや裁判が長期化するケースが出てきている。

第2に、裁量行為の存在である。裁判所は、法律に照らして判断を下すが、法律の規定があいまいで裁量に基づいて行われる行政活動が現実には多数存在する。そのような裁量行為に対して、裁判所は、行政の違法性を問うことが難しい。

第3に、裁判所は、訴訟の提起を待って統制プロセスを開始するので、常に事後的なものとなる。行政の影響力が強まり、その活動によって受ける侵害が重大になると、事後的な対応では利益を回復することが困難になってくる。裁判手続自体、原告・被告双方が主張をぶつけ合う対審制を前提としているので、最終的な判断までに時間がかかり、予防的救済や早急な救済が必要なときには無力である。

3　新しい行政統制の仕組み

▶ オンブズマン制度

伝統的な制度では、行政を統制することが難しくなっているという認識から、さまざまな仕組みが各国の統治システムに導入されている。最近、特に注目されているのが、オンブズマン制度である。

オンブズマン制度では、議会や行政府が任命した人物がオンブズマン職に就任し、このオンブズマンに対して市民が行政に関する苦情を申し立てる。オンブズマンは、苦情の対象となった行政機関などを調査し、市民の主張が正当であると判断した場合には、行政機関に対して適切な対応をとるように働きかける。苦情の調査の過程で、行政の仕組みに問題があることが判明した場合には、改善するように勧告を行う。市民が行政機関に権利や利益を侵害されたと思った時、裁判所よりも迅速かつ安価な（通常無料）条件でオンブズマンを利用できる。

オンブズマン制度は、1809年にスウェーデンで導入された。スウェーデンの一般行政オンブズマンは、憲法に規定されている機関で、議会により任命され、調査の対象は、国の行政機関だけでなく、裁判所、軍隊、自治体など広い範囲に及んでいる。オンブズマンは、苦情の申立てがなくても、行政に問題があると判断すれば、自己の発意により調査を開始することができる。スウェーデンで設置された当初、オンブズマンは、議会の調査機関として機能してきたが、やがて議会からも行政府からも独立して第三者的な立場から、行政を監視する主体としての地位を確立している。

オンブズマン制度は、スウェーデンに導入後110年が経過した1919年、フィンランドに設置され、以後デンマークにも導入されるなど、まず北欧に広まっていった。世界中に制度が伝播していくきっかけとなったのは、1962年にニュージーランドに「議会コミッショナー制度」という名称で設置されてからである。これをきっかけに英米法諸国で導入されていき、67年には、イギリスも議会コミッショナーの導入を決め、人口が多い国でも通用することが示された。1960年代後半から70年代前半にかけて、カナダやアメリカの州や都市でオンブズマン制度が導入された。73年にフランスで「メディアトゥール」というオンブズマンが置かれるなど、ヨーロッパでもこの制度は定着していく。現在では、EUにも、オンブズマンが設置されている。

日本では、1990年に川崎市が一般行政を対象としたオンブズマンを条例に基づいて設置したのを皮切りに、ゆっくりと全国に広がっている。

オンブズマン制度の基本は、苦情の救済である。しかし、個別に苦情を解決するだけでなく、苦情のトレンドを分析することで、苦情の発生源を的確に抑えるべく、制度的な改善を提案していく役割が求められている。スウェーデンなど一部の例外を除き、オンブズマンには強制的な権限が認められていない。オンブズマンは、行政が抱えている問題を社会に発信し、世論を喚起しつつ、行政から適切な対応を引き出していく。まさに国民の「代理人」として行政が国民の生活感覚を見失わないように、緊張感を与える存在になっている。

▶ 情報公開制度

行政が国民のために存在するのならば、国民は、役所の中などで何が行われているかについて「知る権利」を行使することができなければならない。しかし、「情報は力」であり、行政機関は、いろいろな理由をつけて情報の公開を拒み、情報をコントロールすることで自分たちの権力を保持しようとする。そこで、法律や条例を制定することで、行政機関の保有する情報は「原則公開」であることを確認し、情報の公開を実現する手続をきちんとつくっておく必要がある。

行政機関の保有する情報は原則公開すべきではあるが、個人情報や企業の内部情報など、たしかに公開することが望ましくない情報もある。そこで、情報公開制度では、公開しなくてもよい情報の項目をあらかじめ定めておき、公開の請求があったときには、行政機関が規定に照らして公開・非公開を判断し、請求者が決定に不服がある場合には、第三者機関や裁判所に判断を仰ぐ手続が用意されている。

オンブズマン制度と同様、情報公開制度の母国もまたスウェーデンで、1766年の「著述と出版に関する法律」にまでさかのぼることができる。世界的に注目を集めたのは、1966年、アメリカで「情報の自由法」が制定され、情報公開制度が確立されてからであり、以後全世界に広まっていった。

日本では、情報公開の制度化は、地方自治体が先行してきた。1982年3月に山形県金山町《かねやままち》が全国の自治体にさきがけて「公文書公開条例」を制定して以降、83年4月に神奈川県が都道府県で初めて「神奈川県の機関の公文書の公開に関する条例」を制定するなど、現在47都道府県とすべての市において情報公開条例が制定されている。国の情報公開制度の法制化は一向に進まなかったが、2001年より「行政機関の保有する情報の公開に関する法律」が施行された。

地方自治体においては、市民グループが情報公開条例を活用して、知事交際費、官々接待、カラ出張、不正な入札手続きなどの実態に迫り、行政の改革につなげている。しかし、まだ、一般市民が活用する日常的な制度にはなっていない。

▶ 多元的な統制の体制

21世紀の行政に最も求められるのは、「透明性」である。国民一人ひとりが行政の活動に関心をもち、行政の活動に目を向け、行政の仕組みや官僚の態度に問題があれば、行動を起こす。それを議会やオンブズマンなど制度的な統制機関、マスメディアやNGO・専門家などの非制度的な主体がサポートする。

これらの統制主体が互いにネットワークを組んで、行政の活動に緊張感をもたせていく。そのような体制がつくられて、初めて行政国家化において、行政を有効に統制することが可能になるのではないだろうか。

[風間規男]

第11章

議院内閣制（1）

国会と内閣

1　国会による行政統制の概要

▶ 国会・内閣・各行政機関

第8章で論じたように、民主的な国家では、民主的な手続きで選ばれた政治家を官僚制のトップに置き、官僚制を使いこなすことが必要である。ただし、政治家を官僚制のトップに置くための制度は、国により時代によりさまざまであり、わが国では議院内閣制が採用されている。

わが国の議院内閣制では、次のような流れで官僚制たる各行政機関が統制されている。まず、国民が自らの代表者である国会議員を選挙で選出し、国会議員の中から国会の議決で内閣総理大臣が指名される。続いて、内閣総理大臣が各国務大臣を任命することで内閣が組織され、内閣が行政権の行使について国会に対し連帯して責任を負う。さらに、実際の行政事務は、主任の大臣を長とする各行政機関が担う。

このように、わが国の行政活動は、国民→国会→内閣→各行政機関といった構造によって統制されているが、本章ではまず、主に行政統制という観点から、わが国の国会の役割について詳述することにする。

▶ 統制手法と統制主体

日本国憲法第41条において、「国会は、国権の最高機関であって、国の唯一《ゆいいつ》の立法機関である」と規定されるように、国会の重要な役割が立法にあることはたしかである。だが、イギリス議会の歴史が典型的に示すように、議会は王権の統制機関として発達してきたのであり、立法権はその過程で獲得されたものであった。つまり、議会は立法機関である以前に、行政権を含めた王権を統制するための機関だったのである。

では、わが国の国会にはどのような行政統制の手段が与えられているのであろうか。それは思いのほか多岐にわたっているので、ここでは「統制手法」と「統制主体」という２つの観点から分類してみたい。

まず統制手法は、「決定権的統制」と「執行・運営統制」に大別できる。このうち決定権的統制とは、法律や予算を議決することで、行政活動の枠組みを事前に決定するものである。他方、執行・運営統制とは、こうした枠組みの中でなされている行政活動に対して、報告を求めたり調査権を行使したりして、統制を加えようとするものである。さらに、後で詳しく述べるように、この執行・運営統制には、法的拘束力があるものとないものとがある。

次に、統制主体による分類だが、ひと口に国会による行政統制といっても、常に国会がアクターとなるわけではない。たしかに、法律の制定、内閣総理大臣の指名といった権限は、国会がアクターとして行使するものであるが、たとえば内閣不信任決議権は、衆議院にのみ与えられている。さらに、各議院に設置されている委員会、野党そして個々の議員といったアクターが行使する統制手段もある。

2　決定権的統制

▶法律による統制

国会による行政統制の手段として最も重要なものが、法律による統制である。政府による行政活動が行われるためには、各行政機関が組織され、活動を担う公務員が任命された上で、活動資源である財源が配分されなければならないが、これらすべての面において法律が関与する仕組みとなっている。

まず、行政組織を規定する主な法律として、「国家行政組織法」と「財務省設置法」などのいわゆる設置法を挙げることができる。次に公務員に関する主要な法律として、「国家公務員法」、「一般職の職員の給与に関する法律」、「国家公務員倫理法」、「行政機関の職員の定員に関する法律」などが挙げられる。加えて、財政活動に関しては、「財政法」や「会計法」などが挙げられよう。さらに、行政活動の根拠法として数多くの法律が制定されている。

ただ、**第2章**で論じたように、「コントロールの危機」(⇒24ページ参照)といった状況が生じていることには注意する必要がある。すなわち、法律による行政統制には限界があることもたしかなのである。その理由としてまず、行政を統制すべき法律の立案のほとんどを官僚が担っているという現状が挙げられる。本来、法律には官僚制を統制する役割が期待されるが、その作成に官僚が関与することで、自らに都合の良いものにしてしまう恐れが生じることになる。

▶予算による統制

歴史的に見れば、議会が第1に獲得したのは、国王の課税に対する同意権であった。戦争など、特に必要性が生じた際に議会が招集され、課税の許否《きょひ》が論議されたのである。その後、議会は徐々に財政全般に対する統制手段を獲得していくが、その中心に位置したのが「予算」である。予算とは、法的拘束力を有する財政に関する計画のことである。法的拘束力がある計画の議決により、議会は財政を通じて行政活動を統制するのである。

そして、予算がこうした目的を達成し得るためには、「予算原則」と総称される諸原則を備えている必要がある。代表的なものを紹介すると、議会が議決しないかぎり、いかなる財政活動も認められないとする「事前性の原則」、議会の統制が財政の全領域に及ぶことを求める「完全性の原則」、そして、予算から逸脱した財政活動は原則的に認められないとする「拘束性の原則」などが挙げられる。

次に予算が作成される過程だが、憲法第86条で、予算は内閣が作成して国会に提出すると規定されている。その時期は、財政法第27条で1月を常例とすると規定されており、憲法第60条第1項の規定に基づき、先に衆議院に提出される。

衆参両院において予算案は、予算委員会に付託されて審議される。予算案は、あらゆる政策分野と関わりを有することから、ここでの審議も政府の活動全般に関して幅広く行われている。また、予算が通らなければ政府は活動できないことから、内閣はその通過に全力を注ぐことになる。このことを象徴する例として、1989年、予算成立を見届けた上で総辞職した竹下（登）内閣が想い出されよう。

逆にいえば、予算が国会を通らないということは、内閣不信任決議案の可決に匹敵《ひってき》する意味をもつことになる。このため、少なくとも与党議員が、国会の場で予算案に対して明確に批判的立場をとることは困難である。一方、野党としても、与党が衆議院で過半数を占めている限り、否決や修正に持ち込むことは困難であるため、成立の時期を遅らせて内閣に揺さぶりをかける以外の戦術は採用しがたい。このため、国会で予算案に関する実質的修正がなされることは非常に稀《まれ》なこととなっている。

3　執行・運営統制

▶ 法的拘束力をもつ執行・運営統制

法律および予算が国会で議決されて行政活動の枠組みがつくられた後に必要になるのは運営体制の確立である。この面について国会が直接関与できるのは、基本的に内閣総理大臣の指名までである。

ただし、人事院人事官・会計検査院検査官、その他の行政委員会や各種審議会の委員の中には、衆参両院の同意を必要とするものもある。すなわち、国会は行政機構の一部の人事権に関与することができる。

こうした権限は形式的なものにすぎないと思われがちだが、実質的に機能した例として、2013年の人事院人事官と会計検査院検査官人事が挙げられる。第2次安倍内閣が提案した候補者が衆参議院運営委員会で所信聴取を受けた際、十分な答弁ができなかったことを理由として適性に欠けると判断され、参議院の同意が得られずに見送られることになった。

こうして運営体制が確立された後は、原則的に行政活動は内閣の責任において運営されるが、国会がその責任を問う最終手段として内閣不信任決議権がある。ただし、これは国会として行使するものではなく、衆議院のみに認められた権限である。衆議院で内閣不信任決議案が可決、あるいは信任決議案が否決された場合には、内閣は、10日以内に衆議院を解散しない限り、総辞職をしなければならない。

このように、内閣不信任決議権は、衆議院に与えられている強力な行政統制の手段といえる。だが、戦後、内閣不信任決議案が可決されたのは、4例(「なれあい解散」1948年・第2次吉田内閣／「バカヤロー解散」1953年・第4次吉田内閣／「ハプニング解散」1980年・第2次大平内閣／「嘘つき解散」1993年・宮沢内閣）のみである。さらに、なれあい解散を除く3例は、与党の分裂を背景として成立したものであり、そうした状況が発生しない限り、行使されることはない。

▶議院・委員会が行使する統制手段

これまで述べてきた行政統制の手段は、すべて法的拘束力を有するものであり、いうまでもなくそれぞれ重要なものである。だが、与党が分裂して過半数を失ったり、ねじれ国会の状況に陥ったりしている場合を除き、内閣の意思に反する議決を国会や各議院が行うことは考えにくい。このため、法的拘束力をもたない行政統制の手段にも着目する必要がある。

まず、各議院が行使できる行政統制の手段として、個別閣僚に対する不信任決議、参議院の内閣問責決議、あるいは非核三原則決議などの各種決議が挙げられる。これら各種決議は、内閣不信任決議と異なり、法的拘束力はもたないとされる。たとえば、個々の閣僚に対する不信任決議案が可決されたとしても、その閣僚が辞職する法的義務はない。

だが、法的拘束力はないとしても、国民の代表者から構成される各議院が、その意思を議決によって表明している以上、その政治的効果には無視できないものがある。1952年、池田勇人《はやと》通商産業大臣（当時）が中小企業に関する発言から不信任決議を受けて、辞職に追い込まれた例などは、このことをよく示すものといえよう。

さらに、各議院に対する報告の義務づけも、議会による行政統制の1つとして位置づけられよう。たとえば、行政組織の官房、局および部の設置改廃は、政令によって定めることができるが、それを行った場合には次の国会にその旨報告しなければならないと規定されている（国家行政組織法第25条第1項)。報告事項にしかすぎないため、内閣の行った意思決定を覆《くつがえ》すことはできないが、報告を通じて透明性が確保されることで、一定の統制機能を果たすことが期待される。なお、法律の規定上は、報告の相手は国会とされているが、国会として議決するものではないので、実質的な統制主体は各議院である。

また、政府の財政活動に対する事後的統制手段である「決算」も、報告と同等のものと位置づけることができる。憲法第90条の規定によれば、内閣は、会計検査院の検査報告とともに決算を国会に提出しなければならないとされている。ただし、提出された決算は、国会によって議決されることはなく、各議院で別々に審議・議決されるだけであり、事実上報告事項と扱いは同じである。

次に、各議院ないしは各委員会が行使できる行政統制の手段として、日本国憲法第62条に基づく「国政調査権」を挙げることができる。

国政調査権の対象は、立法活動にかかわる範囲に止まるものではなく、国政全般に及ぶとする解釈が通説である。さらに、国政調査権は強制力を伴っており、各議院などから記録の提出を求められた場合には、内閣および各行政機関は提出義務を負い、証人として出頭などが求められた場合には、原則的に何人《なんぴと》でも応じなければならない。この証人喚問で虚偽の陳述をした場合には、偽証罪に問われる可能性もあるなど、行政統制の手段としての国政調査権は強力なものである。

ただし、近年、国政調査権の行使は稀《まれ》なものとなっている。さらに、証人喚問などが実現した場合でも、真相の解明に結びつくような証言を引き出すことは難しい。単に与野党の政治的思惑がぶつかり合うだけの政治的セレモニーと化している場合が多く、実質的な機能という点では評価することは難しい。

▶ 野党や議員が行使する統制手段

このように、制度的には各議院あるいは各委員会もまた行政統制の手段を有している。ところが、与党がこれらの機関でも多数派を占めている状況が一般的であることから、与党の合意を得なければこうした手段を行使することは難しい。したがって、国会による行政統制を考える際には、野党などの少数派あるいは個々の議員でも行使できる手段も考慮する必要がある。

まず、野党に与えられている統制手段であるが、いわゆる「党首討論」はその1つと位置づけられよう。これは、1999年に成立した「国会審議活性化法」によって導入された制度であり、衆参両院に設置される「国家基本政策委員会」において、与党党首たる内閣総理大臣と野党の党首が、1対1で討論するものである。与野党の対決という視点から取り上げられることが多いのはたしかだが、内閣の首長たる内閣総理大臣の政治姿勢を直接、追及できる点で、行政統制としての意味ももっている。

また、個々の議員が行使できる統制手段としては、「質疑」と「質問」を挙げることができよう。

しばしば混同される両者だが、「質疑」は本会議ないしは委員会において、その場での議題に関連する問題について問い質《ただ》すものである。これに対して、正式には「質問主意書」と呼ばれる「質問」は、文書形式で行うものであり、国会開会中であればいつでも行うことができ、さらにその対象は制限されない。

いずれの制度にしても一定の制約はあるものの、種々の問題に関する政府の公式見解を明らかにさせたり、行政機関の保有する情報を整理・加工された形で引き出したりできる点で、行政統制の手段として一定の意味をもつものである。

これまで論じてきたように、国会あるいはそれを構成する各アクターは、種々の行政統制の手段をもっており、それらをまとめれば**図表11-1**のようになる。

国会による行政統制については、国政調査を一定数の議員の提案で実施できるようにする「少数者調査権」の導入など、野党や個々の議員が行使

[図表11 - 1] 各アクターの行政統制手段

統制主体 統制手法		国会	議院・委員会	野党	議員
決定権的統制		法律、予算	統制の性質上、これらの主体は行使し得ない		
執行・運営統制	法的拘束力あり	内閣総理大臣の指名、国会の同意を要する人事	内閣不信任決議		
	法的拘束力なし		各議院に対する報告、決算、内閣不信任決議以外の各種決議、国政調査	党首討論	質疑、質問

（筆者作成）

できる統制手段の拡充が必要であると主張されている。たしかに、国民の代表者から構成されている国会が、行政統制において一定の役割を果たすことは必要である。だが、行政統制において、国会ができることには限界があることもまた事実である。

衆議院465 、参議院248、これが現在の各議院の定数である。両者の合計である713という数字は、合議を経て意思決定することを考えれば、決して少ない数字ではない。

行政府のような大規模な仕組みを、公共の目的の追求に向けて適切に指揮監督するためには、統制する立場にある者がその目指す方向を明確に示し、必要に応じて迅速に的確な判断を下さなければならない。ところが、先の数字を見ても、国会がこのような役割を果たすのは困難だということは明らかであろう。国会としては、これまで論じてきた統制手段を行使しつつ、より直接的な統制については、行政府の中枢管理機関たる内閣にゆだねなければならない。

［上崎　哉］

第12章

議院内閣制 (2)

内閣の組織と機能

1 内閣の構造

▶ 内閣の構造

「行政権は、内閣に属する」、こう日本国憲法第65条が規定するように、わが国では行政権は内閣に与えられている。**第11章**で論じたように、国会が行政を統制する責任をもち、そのための手段を与えられていることもたしかである。だが、行政活動に関する第一義的責任は、政府の中枢管理機関である内閣とその下に組織される各行政機関にある。

では、内閣はどのような構造をもち、またどのようにして組織されるのであろうか。まず構造であるが、内閣は、その首長である内閣総理大臣と、最大17名まで（ただし、2020年東京オリンピック競技大会・東京パラリンピック競技大会推進本部が置かれている間、および復興庁が廃止されるまでの間は、それぞれ1名ずつ増員）の国務大臣により構成される。そして、現在この最大20名（内閣総理大臣を含む）からなる内閣が、憲法第66条第3項が規定するように、「国会に対し連帯して責任を負う」こととなる。

さらに、内閣法第4条第1項において、内閣がその職権を行使するには閣議によらなければならないとされているように、内閣は合議によりその意思を決定する合議制の機関である。すなわち、大統領、知事そして市町村長のような独任制の機関とは組織原理を異にしている。

ただし、合議制の機関とはいうものの、内閣はその構成員の全てが対等な立場にあるわけではない。内閣総理大臣には「内閣の首長」として固有の責任と権限が与えられているからである。このため、内閣を純粋な合議制の機関ではないとする見解も存在している。

▶組閣の過程

次に組閣であるが、これは、次のような段階を経て、行われる。まず、憲法第67条第１項の規定に基づき、「国会議員の中から国会の議決」により内閣総理大臣が指名される。ここで「国会が」と規定されていることが１つのポイントであり、各議院ではなく国会として意思決定しなければならない。よって、衆参両院の意見が初めから一致していれば問題は生じないが、そうでない場合には、まず両院協議会が設置されて衆参両院の意見の一致が試みられる。それでも意見の一致が見られない場合には、衆議院の議決が優越する。ちなみに、戦後、内閣総理大臣の指名につき衆参両院の意思が異なったことは５回ある。

内閣総理大臣に指名された者は、ともに政権の運営にあたる国務大臣を選考し、これが完了したならば、宮中にて総理大臣を任命する親任式と、国務大臣を認証する認証式が執《と》り行われる。

なお、国務大臣の過半数は国会議員でなければならないとされている。さらに、憲法第68条第2項が「内閣総理大臣は、任意に国務大臣を罷免《ひめん》することができる」と規定するように、内閣総理大臣は国務大臣を罷免する権限も併せ持っている。

［図表12 - 1］内閣と国会の関係

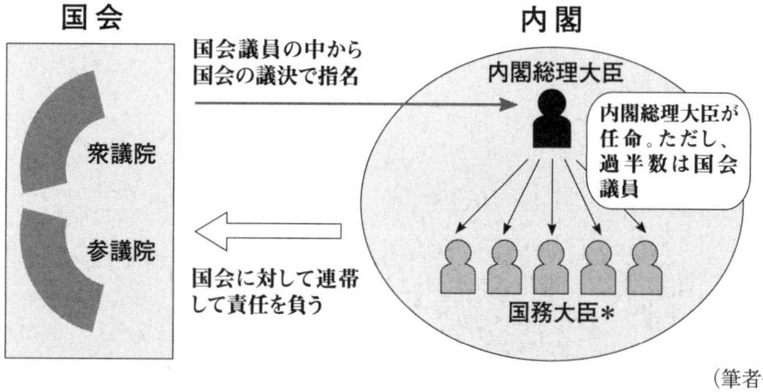

（筆者作成）

＊国務大臣の数については、左ページ本文を参照。

このことは、一度任命されたならば、内閣総理大臣の信任を失わない限り、国務大臣がその地位を失うことはないということを意味している。**第11章**で、国務大臣に対する不信任決議に法的拘束力はないと説明したが（⇒94ページ）、それは内閣総理大臣がもつ任免権と関連させて理解されるべきであろう。

▶ 政治的大臣と行政大臣

内閣総理大臣以外の内閣の構成員に対しては、単に「大臣」という呼称が用いられることも多いが、機能という観点に立てば、「政治的大臣」と「行政大臣」に分けることができる。

このうち政治的大臣とは、内閣の一員として政府の最高レベルの意思決定に参画し、そこで決定された方針の実現に向けて全力を尽くす役割を意味している。これに対して、行政大臣とは、内閣によって示された方針に基づき、自ら行政機関を指揮監督する役割を意味している。

これらは法律上の概念としても区別されており、前者が「国務大臣」に、後者が「主任の大臣」に相当する。なお、わが国では、国務大臣が主任の大臣にならないことはあり得るが、主任の大臣には必ず国務大臣が充てられることになっている。

このように、政治的大臣と行政大臣を同一人物が兼ねることに関しては、批判的な意見もある。政治的大臣が政府の重要な意思決定に参画する場合には、種々の利害や既得権などにとらわれることなく、大所高所から議論すべきである。それにもかかわらず、行政大臣が政治的大臣を兼ねてしまうと、ともすれば各行政機関の主張の代弁者となりがちとなり、避けるべきだというのである。一方、内閣によって示された方針の実現を強力に推進するためには、その決定に参画した者が自ら直接指揮監督の任に当たるほうが望ましく、政治的大臣と行政大臣を同一人物が兼ねたほうが望ましいとする意見もある。

2　内閣総理大臣の役割

▶ 国民的指導者としての役割

わが国では行政権は内閣に与えられており、内閣総理大臣１人がその責にあるわけではない。だがその一方で、内閣の首長である内閣総理大臣には、国のリーダーとして、国民的指導者と行政首長という2つの役割を担うことが期待されている。

ここでいう国民的指導者としての役割とは、国民の代表者である国会議員から構成される国会によって選出されたという正当性に支えられ、公権力を行使しうる政府を率いる立場にある者として、国家の進むべき方向を明らかにし、場合によっては国民の協力をも求めるというものである。

「今の痛みに耐えて明日をよくする」とは、小泉純一郎が国民に構造改革の必要性を訴えかける際に好んで用いたフレーズである。不況は、経済的運命を、国民が程度の差はあれ共有していることを教えてくれるが、国家をあげて取り組むべき課題がある場合には、国民もまた協力を求められることになる。そして、国民の意思に働きかけることで、そうした協力を引き出す役割を期待されているのが、国民的指導者である内閣総理大臣である。

一方、現代社会は、国民の側からも内閣総理大臣に強い関心が集まる状況にある。**第14章**で詳論するように、現代の複雑化した行政活動は、組織の各レベルにおける数々の意思決定の積み重ねの上に成り立っているのが実態である。このため、多くの国民にとって、複雑な行政活動の全貌を理解することは困難であることから、それを内閣総理大臣の行動に置き換えて、単純化して理解しようとする傾向が生じる。その結果、内閣総理大臣は、国民の関心や注目を一身に浴びながら行動しなければならないという、「フットライト効果」が生じることとなる。

また、こうしたフットライト効果は国内のみならず国外からも生じるものである。というのも、多くの場合、外国は自国よりもさらに遠い存在であることから、その理解のためには、いきおい、その国を代表する政治的指導者に関心が集中してしまうからである。

▶行政首長としての役割

内閣総理大臣の国民的指導者としての役割は、主に社会との関係において発揮されるものである。ただし、国民的指導者としての役割を果たせるのも、他の国務大臣とともに政府を掌握し、公共目的の追求のために動員しうる状況にあればこそのことである。

このため、内閣総理大臣は行政首長として政府の掌握に努める必要があるが、第1になすべきことは、ともに政権運営に当たるにふさわしい人物を大臣に任命することである。信頼に足り、政治的能力および指導力に優れた人物を大臣に任命することで、連帯して責任を果たしうるための体制を構築する必要がある。

ただし、内閣に優れた人材を得るだけでは適切な政権運営を望むことはできない。まずはその進むべき方向性を明示することが必要である。内閣総理大臣への意欲をもつ者は、機運が熟してきた段階で自らの経綸《けいりん》を著書の形で世に問うことがある。著作を通じて、国民に対して望ましい社会や国家のあり方を示すのである。あるいは、著作の形を取らずとも、シンボリックな理念を掲げることで、方向性を示す場合もある。

また、内閣が合議体である以上、国務大臣間で意見の齟齬《そご》が生じる場面も当然生じるが、その際には内閣総理大臣が調整機能を発揮することも必要である。

さらに、憲法第72条および内閣法第6条によって、内閣総理大臣には行政各部に対する指揮監督権が与えられている。わが国の議院内閣制では、各行政機関の活動は、主任の大臣が第一義的責任を負うのが原則だが、直接的に関与する道も残されている。なお、この権限については、「閣議にかけて決定した方針に基づいて」行使するものとされているが、判例では、明確な方針が決定されていない場合でもその行使は認められる、とされている。

▶内閣総理大臣の指導力を左右する諸要因

先述のように、内閣総理大臣は国民的指導者および行政首長として、指導力を発揮することが期待されており、制度的にはそのための手段も与えられている。だが、その指導力は種々の要因によって左右されてきたのも事実である。たとえば、歴代の内閣総理大臣の中には、大臣の任命や解散権の行使といった事項に関して、自らの意図を貫徹できなかった者もいる。

では、どのような要因によって指導力は左右されるのだろうか。

第1の要因として、支持基盤の広がりが挙げられる。内閣総理大臣、ないしは内閣が広い支持を受けている場合には、その指導力は強まるが、逆に支持が失われている場合には、それは弱まる。その判断材料としては、①内閣総理大臣に選出される過程とそこでの支持の広さ、②国政選挙などの選挙結果、③世論調査における支持率などが挙げられる。

まず、①に関しては、内閣総理大臣に選出される際に、正当性が疑われたり得票が僅差だったりする場合には強力な指導力は発揮しにくく、逆に、幅広い層から多くの支持を得て選出された場合には強まる。

②に関しては、国政選挙での勝利によって、求心力を強めたり任期の延長を勝ち取ったりするケースがある一方で、敗北の責任を取ってその職を辞するケースがある。さらに、③に関しては、内閣の命運が支持率によって左右されることもある。たとえば、森喜朗《よしろう》内閣（2000年～01年）のように、支持率が低迷し続け、そのままでは選挙戦に悪影響を及ぼすことが懸念されるような場合には、任期満了を待たずして退陣を余儀なくされることもある。

長らく続いてきた自民党中心の政権下にあって、内閣総理大臣の指導力を左右してきた第2の要因は、さまざまな政治勢力との関係である。なかでも、党内派閥の存在によって、内閣総理大臣は、指導力の発揮が制約され、思うような政権運営を妨げられてきた。

内閣総理大臣の多くがまず直面するのは組閣の際の困難である。制度上、国務大臣の任命権は内閣総理大臣に与えられているにもかかわらず、自ら意中の人物を任命できないことも少なくなかった。たとえば、竹下登《のぼる》の回顧録によれば、宇野宗佑《そうすけ》元首相が組閣の際に実質的に行使したのは、文部大臣の任命権だけだったという。これは極端な事例かもしれないが、要《かなめ》となるポストについては内閣総理大臣の意向が反映されたとしても、人事の多くは、「派閥均衡・派閥順送り」という慣行に従って行われてきた。

この慣行に従えば、まず、各派閥に配分される大臣ポストの数が、各派閥の勢力をベースとした上で、総裁選への貢献度などを加味して決定される。さらに、具体的な人選についても、各派閥から提出される推薦名簿に従って行われてきた。俗に「一本釣り」などと呼ばれるように、推薦名簿に従わずに特定の人物を任命することも可能ではあるが、その場合には、その後その派閥との関係が悪化することを覚悟しなければならなかった。

また「解散権」は内閣総理大臣の専権事項であるとされているが、自ら行使する意思をもちながらも、党内の合意を得られず、いわゆる「伝家《でんか》の宝刀」を抜くことができないこともあった。

1954年末、自由党の分裂により少数与党に追い込まれた吉田茂首相は、解散に打って出ることで政権の延命を図ろうとしたが、党内の反対に直面し、総辞職を余儀なくされた。「ワンマン宰相《さいしょう》」とまで呼ばれた首相であっても、常に意のままに政権を運営できるわけではない。

このように、自民党中心の政権において、長らく派閥は内閣総理大臣の指導力を阻害する要因であった。ところが、こうした派閥の弊害は、特に小泉純一郎内閣（2001年～06年）において著しい変化を示した。組閣に際しては派閥の推薦を拒絶し、2005年の郵政解散に伴う総選挙では、いわゆる刺客候補というかたちで、党の執行部が候補者決定に関し大きな影響力を行使した。かつては、「派閥連合」とまで呼ばれた自民党において、党の執行部への集権化が進みつつある。

このような変化をもたらした制度的背景として、小選挙区比例代表並立制への選挙制度改革を指摘することができる。かつての中選挙区制の時代には、自民党が過半数を得るには同一選挙区に複数の候補者を擁立《ようりつ》する必要があったため、多くの自民党の候補者にとって、党の支援は当選のための必要条件ではあっても十分条件ではなかった。各候補者に対して公平になされる党の支援は、同じ選挙区の自民党のライバルとの競争において、自らに優位をもたらすものではなかったからである。このため、各候補者は、自らの支援組織として後援会組織を整備する一方で、派閥の支援をフルに受けてきたのである。

ところが、小選挙区比例代表並立制の小選挙区では、各党が候補者を1人に絞る必要があり、派閥の支援を得るだけでは十分ではなくなった。さらに、総選挙が政権選択の意味を持つようになると、投票の際の判断材料に占める党首の比率もより大きなものとなった。このため、選挙の顔としての価値が期待できる限り、党首に対する表立った批判や反対は難しくなっている。

また、政治資金規正法の強化により派閥の領袖が政治資金を集めにくくなる一方で、政党助成法により党の執行部が管理する資金が増えたことの影響も大きい。民主党政権下で短命内閣が続いたことが示すように、内閣総理大臣が常に強い指導力を発揮できるわけではないが、かつてとは制度的環境が異なっていることは確かである。

今後、内閣総理大臣の指導力はどのように変化するのであろうか。この問題は、行政学のみならず政治学や憲法学など広い分野に関連性を有する興味深いテーマである。

3　内閣の役割

▶閣議

これまで論じてきたように、指導者として内閣総理大臣に期待される役割はとても大きい。だが、議院内閣制をとるわが国では、内閣総理大臣１人が行政に関して全責任を負うのではなく、憲法第66条第3項が規定するように、内閣が連帯して責任を負わなければならない。

こうした連帯責任体制が成立するためには、内閣における意思の統一が必要だが、そのための場が「閣議」である。内閣として決定すべきことについて内閣総理大臣を中心に話し合い、必要に応じてその結論を公式の意思として閣議決定する。閣議決定された内容は、閣僚のみならず政府全体を拘束することになることから、わが国ではその手続きとして全会一致が採用されている。

だが、閣議については、①大臣たちの議論の場というよりも、花押《かおう》（毛筆による署名）という単なるサイン会になっている、②実質的な意思決定が前日に開催される事務次官等会議においてなされている、③全会一致が慣例であることから、各国務大臣に実質的な拒否権が与えられている、といった批判がなされてきたことも事実である。

▶内閣による中枢管理機能

内閣にまず求められるのは、その政権運営の方針を閣議で決定して明らかにすることである。政権運営の方針が明らかにされる重要な場としては、国会における内閣総理大臣の施政方針演説や所信表明演説が挙げられる。

これらは、事前に閣議決定された内閣としての方針を、内閣総理大臣が内閣を代表して、自らの言葉を通じて公《おおやけ》にするものである

政権運営の方針が明らかにされたならば、次はその実現に向けて行政運営体制の確立に努めることになる。それには、まず、各行政機関の編成を行い、権限と責務を割り当てる必要がある。わが国では省、委員会および庁を設置したり廃止したりする場合には法律の制定や改正が必要だが、官房、部および局といった内部組織は政令に定めればよく、内閣のみで決定できる。

組織編成の次は人材配置だが、その多くの任免権は各行政機関の主任の大臣に与えられている。だが、内閣レベルで行使するものもあり、**第13章**および**第14章**で扱う副大臣、大臣政務官および大臣補佐官に関しては、内閣に任免権が与えられている。また、現在では、幹部職員人事一元化という考え方の下、内閣が広範に人事に関与するようになっている。さらに、内閣が提出した予算案が国会で修正されることが稀《まれ》である以上、実質的な決定権は内閣にある。

それ以外にも、内閣は、常に各行政機関の掌握に努め、適宜その活動に関する情報を収集した上で、必要とあればその活動が適切な方向に向くように指揮する。政府内で分業のメリットを実現するためには、各行政機関に対して一定の自律性が認められ、その結果に対する責任は、その長《ちょう》が負うと同時に、各行政機関の活動は、互いに衝突することなく、全体として統一性を保つことが求められる。

そのためには、まず各行政機関の間で相互に調整がなされなければならない。中央省庁再編に伴う国家行政組織法の改正により、各行政機関の長は、他の行政機関の長に対して資料請求や意見提出ができるようになった。これはこのような調整を期待してのことである。

［上崎　哉］

第13章

国家行政組織

1　内閣の補佐機構

▶ 行政機関の構造と内閣の補佐機構

内閣の統轄の下に、大臣を長《ちょう》とする複数の省を中心とする行政機関が設置されるというのが、わが国の行政機構の基本構造である。各省の所掌《しょしょう》事務は、各大臣が分担管理するとされており、こうした原則は「分担管理原則」と呼ばれている。適切に分業の体系が構築され、各省が与えられた責務を誠実に遂行することが重要だった時代には、こうした行政のあり方は一定の評価を得ていた。

ところが、社会や経済が複雑化し、国際的に取組まなければならない問題が増加すると、分担管理原則の下では適切に処理できない事案が増加するようになった。複数の省にまたがるような課題に対し、分担管理を原則とする行政機構は機能不全に陥っていたのである。

橋本龍太郎元首相によって設置され、2001年の中央省庁再編を導いた行政改革会議は、こうした問題意識を抱いていた。このため、その最終報告では、国政全体を見渡した総合的、戦略的な政策判断と機動的な意思決定をなし得る行政機構を構築するために、国家の総合的・戦略的方向付けを行うべき地位にある内閣の機能の強化が謳《うた》われた。そのためには、内閣の補佐機構の充実も必要であり、その柱として期待されたのが内閣官房と内閣府である。

▶ 内閣官房

両者のうち、内閣および内閣総理大臣の直属の補佐機構と呼べるのが、内閣官房であり、現在次のような機能を担っている。

①閣議の開催などに関する種々雑多な事務を担う「内閣の庶務機能」、②「国政の基本的方針の企画立案機能」、③各省間の意見の相違や対立を調整する「総合調整機能」、④国政に関する情報を収集し分析する「情報機能」、⑤「危機管理機能」、⑥「人事に関する中枢的な機能」、⑦「行政機関および定員の管理機能」、⑧「広報機能」、などである。

これらのうち、②の企画立案機能は中央省庁再編の際に明記されたものである。これにより、法案作成権限を持つことが明文化され、内閣官房が担当する法案が増加することとなった。③の総合調整機能も同時に強化されたものであり、受け身だけでなく攻めの調整も行うことができるようになった。かつては、各省間で決着がつかずに内閣官房に持ち込まれた事案の調整が主であったが、内閣法第12条第２項第４号の「行政各部の施策の統一を図るために必要となる企画及び立案並びに総合調整に関する事務」という規定に基づき、能動的な調整も行えるようになった。また、⑥と⑦は、2014年の国家公務員制度改革関連法制定により与えられた機能である。

次に内閣官房を組織面から見ていきたい。内閣官房の組織は、**図表13-1**に示すとおりである。主任の大臣である内閣総理大臣をトップに、内閣官房長官―内閣官房副長官からなる主要なラインが形成されている。さらに、このラインの下に国家安全保障局長、内閣総務官、内閣官房副長官補、内閣危機管理監、内閣情報通信政策監、そして内閣広報官などが組織されている。

このうち国務大臣が充てられる内閣官房長官は、俗にいう「総理の女房役」と「内閣の番頭」という２つの重要な役割を演じている。総理の女房役として、内閣総理大臣の相談相手となった上で、その実現のために関係各方面との調整に当たる。また、内閣の番頭として、閣議の議事進行や平日の午前と午後に行われる定例の記者会見などを担当し、場合によっては、失言した大臣を叱責することもあるとされる。

内閣官房長官を支えるのが３名からなる「官房副長官」である。衆議院議員１人と参議院議員１人の政務方《かた》２人と、事務方《かた》１人より構成されており、命を受けて内閣官房の事務の一部をつかさどるラインの職とされる。

[図表13 - 1] 内閣官房の組織図

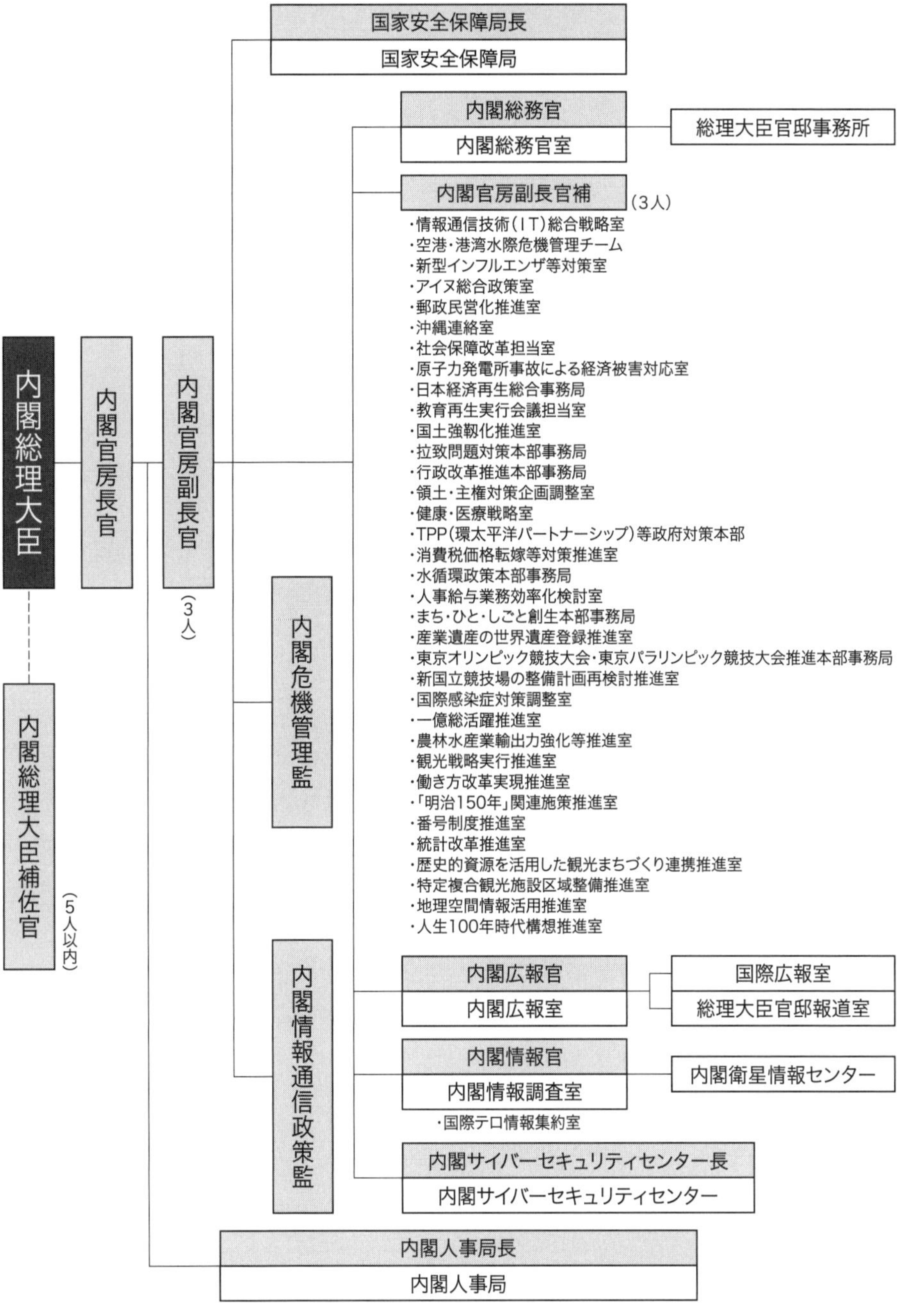

出典：内閣官房HP< http://www.cas.go.jp/jp/gaiyou/sosiki/index.html>（2018年5月9日閲覧）

政務方２人は主に与党との調整に当たり、事務方１人は、官邸と各府省をつなぐ役割が期待されることが多い。かつて事務方の副長官は、旧内務省系の省の事務次官経験者が任命されることが多かったが、第１次安倍(晋三)政権(2006～2007)では民間経験の長い旧大蔵省出身者が任命された。また、事務方の副長官によって主催されていた事務次官等会議は、閣議終了後に開催される次官連絡会議に改められている。

また、内閣官房の実務役を担うのが、事務次官級とされる３名の「官房副長官補」である。中央省庁再編以降、政権の重要課題を進めるにあたり内閣に本部などが設置され、内閣官房がその事務処理などを担うことが増えているが、その際に実働部隊を率いるのが官房副長官補である。

かつて内閣官房には、内閣内政審議室長、内閣外政審議室長、内閣安全保障・危機管理室長というポストが設けられていた。ところが、出身省が固定され、縦割り行政が官邸にまで及んでいると批判されたことから、これら３室長が廃止されて、新たに官房副長官補のポストが設けられた。内政担当、外政担当、事態対処・危機管理担当といった割振りはあるが、副長官補の下に副長官補室などが設けられ、その時々の政権課題に柔軟に対応している。

先述の国家公務員制度改革関連法制定に伴い、新たに設置されたのが、「内閣人事局」である(⇒**第16章「2 政策をめぐる関係」**)。従来も内閣が各府省の幹部人事に関与していたが、幹部職員人事一元化という趣旨の下、内閣官房長官が適格性審査を行った上で幹部候補名簿を作成することになった。これにより、審議官級以上の600名程度の幹部人事に内閣が関与することとなった。

併せて、橋本(龍太郎)政権(1996～1998)下で３人以内として導入され、中央省庁再編の際に５人に増員された、内閣総理大臣補佐官にも触れておかなければならない。内閣総理大臣補佐官は、小渕《おぶち》(恵三)政権(1998～2000)のように１人も置かれないことがある一方で、第１次安倍政権のように５人が任命されることもあり、かなり柔軟に運用されてきた。しかし、2013年の国家安全保障会議設置に伴って内閣法が改正され、国家安全保障担当総理補佐官が常設化されることとなった。

▶ 内閣の補佐機構としての内閣府

内閣官房と共に、内閣の補佐機構として設置されているのが「内閣府」

である。内閣総理大臣を主任の大臣とし、内閣官房長官が事務を統轄し職員の服務を統督《とうとく》するとされている。ただし、内閣官房と異なり、内閣府の位置づけはあいまいである。なぜかといえば、内閣府は、内閣の補佐機構としての側面を持つ一方で、各省と同様の行政機関としての側面も持つからである。

これら２つの側面のうち、内閣の補佐機構としての内閣府に求められている第１の役割は、内閣の重要政策に関する企画立案および総合調整である。この点、内閣官房に求められる機能と重なるところが大きいが、内閣府設置法では、内閣府は内閣官房を助ける立場にあると規定されている。たとえば、政策の立ち上げの段階は内閣官房が担当し、その業務量が増えて内閣官房に収まりきらなくなった時点で、内閣府がサポートに入るといったことが行われている。

また、内閣府が調整機能を発揮できるようにするために、いくつかの制度的工夫が講じられている。第１に挙げられるのが、各省よりも一段高い位置づけが与えられていることである。水平的関係では調整が円滑に進まない場合であっても、高い立場にある主体が関与することで、調整が進展することは少なくない。内閣府を内閣に置き、国家行政組織法ではなく内閣府設置法を根拠法とした趣旨は、内閣府に各省より一段高い位置づけを与えることで、調整をスムーズに進めさせることにある。

第２の制度的工夫は、内閣総理大臣の命《めい》を受けて特定課題の企画立案、および総合調整に当たる「特命担当大臣」の設置である。特命担当大臣には国務大臣を充てることとされており、いうなれば、内閣総理大臣の名代《みょうだい》のようなポストである。

特命担当大臣の担当分野には、金融など法定されているものに加えて、内閣総理大臣の判断で与えられるものもある。人数は法定されておらず、各省大臣との兼職も可能である。このような調整役を果たすために、特命担当大臣には、①関係行政機関の長に対する資料提出・説明要求、②勧告、③勧告に基づく措置の報告要求、④勧告事項に関する内閣総理大臣への意見具申、といった強力な権限が付与されている（内閣府設置法第12条）。

また、内閣府には、内閣官房長官と特命担当大臣を支えるラインのポストとして、副大臣３人を置くとされている。ただし、特命担当大臣などと比べて人数が少ないために、１人の副大臣が複数の特命担当大臣を支えることとなり、指揮命令系統の複雑化が懸念されていた。そこで、2012年の法改正により、各省の副大臣による内閣府の副大臣の兼職が可能となった。ちなみに、第３次安倍改造内閣（2015～2016）では、環境大臣の丸川珠代が原子力防災担当の特命担当大臣に任命され、環境副大臣の井上信治が内閣府副大臣として丸川を支える役割を与えられていた。

内閣の補佐機構として内閣府が担う第２の役割は、関係閣僚や民間の有識者などが知恵を出し合う「知恵の場」としての役割である。内閣の重要政策の企画立案などのために、①経済財政諮問《しもん》会議、②総合科学技術・イノベーション会議、③国家戦略特別区域諮問会議、④中央防災会議、⑤男女共同参画会議、からなる5つの重要政策に関する会議が設置されている。

これらのうち経済財政諮問会議は、内閣総理大臣を議長とし、経済関係閣僚および財界人や学者を議員とするものである。自民党中心の政権では、同会議が経済政策を牽引する役割を担ってきた。また、国家戦略特別区域諮問会議は、従来のボトムアップ型ではなく、政府主導で特区制度を運用するためのものであり、経済財政諮問会議と同様の議員構成となっている。

▶ 内閣の補佐機構の業務の拡大

中央省庁再編により内閣の補佐機構が強化されたこともあり、内閣官房および内閣府が処理する事務は増大傾向にある。それと同時に組織も肥大化しており、2000年度には400人に満たなかった内閣官房の定員は、2015年度には1000人を超えている。

このように内閣の補佐機構の役割が増大している背景として第１に挙げられるのは、内閣レベルの調整を必要とする事案の増加である。経済情勢や社会情勢の変化により各省にまたがる事案が増えたことに加え、自民党や旧大蔵省など、かつて調整機能を担っていたアクターの立場が変化したことにより、内閣の補佐機構に調整役が求められる事案が増加することとなった。

第２に挙げられるのは、内閣総理大臣の指導力が高まったことで、内閣や内閣総理大臣が主導する政策が増えたことである。内閣や内閣総理大臣としては、肝《きも》いりの政策は既存の行政機関ではなく直属の組織に任せたいという意向が強く、結果的に、内閣の補佐機構で処理する事務が増加することとなった。

ただ、内閣の補佐機構の肥大化の結果、司令塔の補佐という本来の役割が機能障害に陥っているとする声が強くなった。そこで、2015年に「内閣の重要政策に関する総合調整に関する機能の強化のための国家行政組織法等の一部を改正する法律」が制定され、①内閣官房から内閣府へ、内閣府から各省への事務権限の移管、②各省大臣への総合調整権限の付与、の2点を主な内容とする改正がなされた。

内閣や内閣総理大臣の直接的な指導が求められる段階では、内閣の補佐機構が企画立案や総合調整などを担うのは必要なことである。しかし、そのまま担い続けると内閣官房や内閣府の事務量が際限なく増大してしまうので、一定の目途が立った時点で、内閣官房から内閣府へ、あるいは内閣府から各省へ移管するのである。

このバトンタッチ方式と呼ばれる手法の事例として、アルコール健康障害対策基本法を挙げることができる。同法では、施行当初は内閣府が基本計画策定事務などを所掌し、基本計画策定後3年以内に、当該事務を厚生労働省に移管するとされている。

また、このように各省に移管されたとしても、総合調整の必要性は残ることから、各省大臣に特命担当大臣と同様の強力な総合調整の権限が与えられることとなった（国家行政組織法第15条の2）。

2　行政機関の構造

▶ 11省体制

日本国憲法第66条第1項が規定するように、内閣はその首長である内閣総理大臣と国務大臣から構成されている。だが、内閣には、内閣法制局や国家安全保障会議など、内閣官房や内閣府以外にも多くの機関が置かれている。これらも含めて内閣と定義することもできよう。前者を「狭義の内閣」、後者を「広義の内閣」とする定義もある。

いずれにせよ、こうした内閣の統轄の下に行政機関が組織され、行政活動が実施されている。中心的な役割を担っているのが、11の省と内閣府である。ここで内閣府を含めるのは、内閣府が行政機関として機能する際には、11の省と同格とされるからである。また、これらに加えて、国務大臣を長とする国家公安委員会が存在することから、わが国の行政機構は、1府11省1委員会体制と呼ぶことができる。あるいは、国家公安委員会に警察庁が置かれてい

［図表13－2］わが国の行政機構

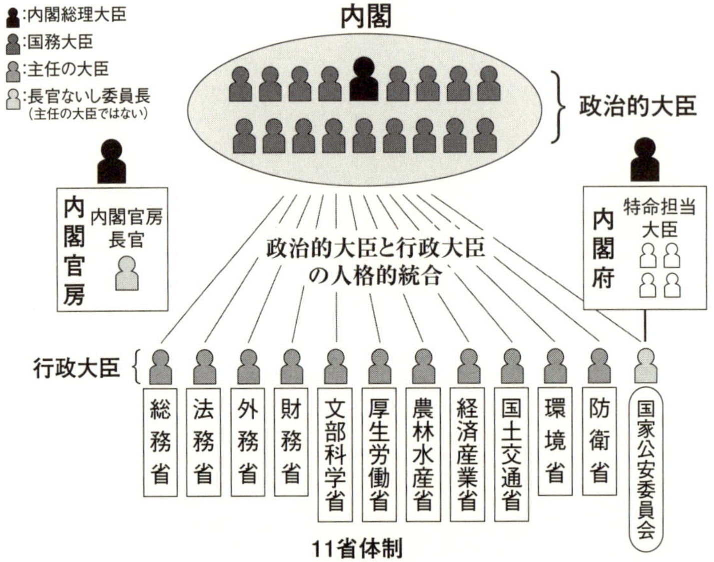

（筆者作成）

ることから、一般的には、1府12省庁体制と呼ばれている。

これら11の省のうち、2007年に防衛庁から移行した防衛省を除くと、中央省庁再編当初は、総務省、法務省、外務省、財務省、文部科学省、厚生労働省、農林水産省、経済産業省、国土交通省そして環境省から構成されていた。これらの省に再編される際の方針は、共通する任務や目的を軸に、各省ができるだけ総合性と包括性をもつようにすること、および各省の機能と権限が均衡のとれたものにするということであった。だが、これらの省の中には、内閣レベルのPOSDCoRB《ポスドコルブ》（⇒第5章「3 ルーサー・ギューリックの行政学」）の一端を担っているものもあり、実態的には対等に位置づけられるものではない。

▶内閣府の各機関

行政機関としての内閣府が担っている事務は、大きく2つに分けることができる。第1は、内閣総理大臣が所管するのにふさわしい事務であり、賞勲《しょうくん》局が所掌する勲章等の授与に関する審査事務などがこれに当たる。第2は、政治的要因などから、内閣府に設置された外局が担っている事務である。

内閣府には、公正取引委員会、国家公安委員会、個人情報保護委員会、金融庁そして消費者庁の５つの外局が置かれている。これらのうち国家公安委員会は、国務大臣を長とする外局のままとすることが行政改革会議で決められたが、内閣総理大臣を主任の大臣とする行政機関が内閣府しかないことから、内閣府に設置されたという経緯がある。

また、金融庁に関しては、金融省として先の10省と同列に位置づけるという選択肢も検討されたようだが、省の数の増加につながることから見送られたとされている。

これまで論じてきたわが国の行政機構を図示すれば、**図表13-2**のようになる。

3　各省の構造

▶法定主義と裁量主義

各国の行政組織の組織編成に関する考え方には、大きく分けて「法定主義」と「裁量主義」とがある。法定主義とは、行政機関の設置改廃のすべてについて法律の根拠を求めるものであり、裁量主義とは、行政府に組織編成権のすべてをゆだねるものである。ただし、実際の制度は両者の中間に位置するものである。

かつてのわが国は、法定主義に近いところに位置していた。ところが、行財政改革について審議するために1981年に設置され、「増税なき財政再建」を目標として掲げた第二次臨時行政調査会（第二次臨調）の議論において、社会情勢の変化に迅速かつ的確に対応する行政システムの必要性が主張された（⇒第19章「2 日本の行政改革と『小さな政府』」）。そこで、組織編成における行政府の裁量を拡大するために1983年に国家行政組織法が改正され、政令で設置改廃できる範囲が行政機関の内部部局にまで拡大されたのである。すなわち、法定主義から裁量主義へとシフトすることとなった。

しかし、完全に法律による統制が外されたわけではなく、国家行政組織法によって各省の構造のモデルが提示され、各省設置法によって各省が分担すべき任務が明らかにされる。また、省の内部構造についても、省に外局として設置される委員会と庁のいわゆる「３条機関」（国家行政組織法第3条に基づく）はすべて法律の根拠を必要とし、審議会等、施設等機関および特別の機関などのいわゆる「８条機関」の中にも、法律に基づいて設置されるものもある。

▶大臣チーム――副大臣・大臣政務官・大臣補佐官・事務次官

省は、一定の自律性をもちながら活動する官僚制組織であるが、それを統括する責任は主任の大臣に与えられている。**第12章**で論じたように、国の行政活動に関して最終的に責任を負うのは内閣であるが、各省の所掌《しょしょう》事務の範囲内に属することに関しては、各省の大臣が第一義的に責任を負う。この「大臣責任の原則」は、悪をなし得ないとされる国王に代わり大臣が責任を負うための制度として英国で発達してきたが、現在のわが国でも、汚職や癒着《ゆちゃく》など大きな不祥事が省内で生じた場合には、責任を果たせなかったことを理由として大臣が辞職することもある。

このように、省の活動に関し最終的に責任を負うのは大臣であるが、大臣１人の手で省のすべてを掌握することは困難である。そこで、「副大臣」、「大臣政務官」、「大臣補佐官」および「事務次官」が大臣とともにチームを組み、大臣チームとして省の指揮監督に当たることが期待されている。

これらのうち、事務次官以外は、基本的に政治家や民間人が任命される政治的任命職である。法的には、副大臣が政策・企画をつかさどり、大臣不在の場合はその職務を代行するラインの職とされているのに対し、大臣政務官は特定の政策の企画・立案に参画するスタッフの職とされている。また、2014年の法改正によって新たに設置された大臣補佐官は、特定の政策の企画・立案について大臣を補佐するスタッフの職とされている。

一方、事務次官は各省の官僚の最高のポストとされ、大臣を助け、省務を整理し、各部局および機関の事務を監督する役割を担っている。ただし、最高のポストとはいっても、リーダーシップを発揮して省内を積極的に指揮するタイプは少ないとされる。むしろ、官僚集団を象徴する存在としてその頂点に位置し、政治家との関係や省内で問題が生じた際に、最終的な切り札としてその解決に当たるタイプが多いとされる。

このように、各省の頂点は、政治家と官僚の日常的な接触が行われる重要なインターフェースである。だが、各省を統括する役割を十全に発揮できていないというきらいもある。まず、人事面において、大臣を中心とする一体性の形成が阻害されてしまっている。

第12章で述べたように、大臣の任命に関しては、内閣総理大臣の意思が通るケースは増大しているが、副大臣および大臣政務官に関しては、依然として与党内の調整で決まるケースが多いとされている。このため、大臣が望まない人物が副大臣や大臣政務官に任命されることも多く、その場合にはチームとしての一体性を望むことは難しい。また、事務次官の任命権は法的には大臣にあるが、大臣が実質的にこの権限を行使するのは稀《まれ》である。多くの場合、事務次官の人事は大臣のあずかり知らぬところで実務的に決定されており、大臣はただそれを形式的に承認するだけである。

▶ 内部構造

各省の内部構造は、内部部局、外局、付属機関そして地方支分部局に分けることができる。これらのうち、内部部局については後にすることとし、先にそれ以外の３つについて説明する。

まず外局であるが､これはさらに「庁」と「委員会」に分けることができる。このうち庁は、かつては「大局《たいきょく》主義」という考え方、すなわち局とするには大きすぎてバランス面での問題が生じる場合に設置されることとされていた。だが、中央省庁再編に際し、企画立案と実施機能を分離した上で、双方の機能の強化を図るという方針が示されたことから、原則的に庁は主として政策の実施を担う「実施庁」として設置することとされた。ただし、現在でも完全にこうした整理がなされているわけではない。

一方、公害等調整委員会をはじめとする委員会は、大臣の統制から一定の独立性を保った上で、主に国家意思の決定をその役割とする機関であり、学問上は行政委員会として分類される。

次に、付属機関は、①大臣の意思決定に対する諮問《しもん》ないしは参与機能等を果たす税制調査会（財務省所管）等の審議会等、②試験研究機関や文教研修施設などから構成される施設等機関、そして、③検察庁、警察庁および自衛隊の部隊など独自の組織編成を必要とする特別の機関からなる。これらのうち、特別の機関はその設置が法律に基づくことが要請されているが、審議会等および施設等機関については、政令によって設置改廃が可能なものもある。

また、地方支分部局とは、中央政府の活動を各地域において直接的に担うために設置されるものであり、中央省庁再編の議論においては、裁量面での強化がうたわれていた。

▶ 内部部局

省の中心的な活動は､「官房」と「局」から構成される内部部局が担当する。官房は、内閣官房が内閣に対して果たしているような機能を、大臣を中心とするチームに対して果たしている。すなわち、大臣レベルのPOSDCoRB《ポスドコルブ》機能を中心に補佐することが第１の役割である。

省を統括する立場にある大臣は、副大臣たちと共にその役割を果たさなければならないが、彼らだけでこの機能を担うのは、次のような理由からいって困難である。第１に、法令案や予算案などの作成は綿密な検討が必要であり、大臣を中心とする数名のチームだけで処理し切れるものではない。第２に、大臣たちは多くの場合、政治家としての顔なども併せもっているため、組織の管理に割《さ》ける時間は制約されている。たとえば、選挙期間中などは、大臣たちはその時間のほとんどを選挙運動に割いてしまう。また、国会の会期中は本会議や委員会に出席しなければならず、直接的な指揮監督など望むべくもない。

以上の理由から、大臣たちが各省を指揮監督するには組織的な補佐が必要であり、その機能を担っているのが官房である。大臣、副大臣、大臣政務官、大臣補佐官、および事務次官より構成されるチームは、官房の組織的補佐を受けながら、その職務を遂行している。

一方、局は省において中心的なライン機能を担う機関である。各省が所掌する中心的任務はまず局に配分されるのであり、財務省を例に引けば、主計局、主税局、関税局、理財局および国際局の５つの局が配分を受ける。さらに、各局に配分された任務は、それぞれ「課」に配分されるのが基本である。

わが国の行政機関ではこの課が基本的活動単位であり、通常１つずつ部屋が割り当てられ、課長をはじめとする職員たちは、同じ部屋の中で職務を遂行するというのが基本である。これが、わが国の行政スタイルが「大部屋《おおべや》主義」と呼ばれるゆえんである。

このように、省―局―課の順に分岐《ぶんき》するヒエラルキー構造が各省の基本構造であるが、より柔軟な組織編成も行われるようになってきている。それは、行政機関の機能を政策の企画立案と実施に二分した場合、局に期待されるのは企画立案であり、その機能の強化のためには柔軟な組織編成が必要と考えられたからである。

もちろん、これまで局が全く企画立案機能を果たしていなかったわけではない。特にボトムアップ型の企画立案機能は十分に果たしてきたと評価できる。各局には各省の「組織令」によって所掌事務が与えられているが、その所掌事務にかかわる法制度や政策が期待どおりの成果を上げていない場合には、その問題点を発見し、それを改善するための提案を下から上げていく必要がある。制度設計の段階では発見されなかった問題点が実施段階で明らかになったり、社会情勢の変化に制度が対応しきれなくなったりすることはしばしば生じることであり、局がこのような企画立案機能を果たすことは今後も必要である。

だが、このスタイルの企画立案は、ともすれば既存の枠組みにとらわれてしまう可能性を孕《はら》んでいる。なぜかといえば、組織の内部では、制度自体の必要性を問い直そうというモーメントは生じにくく、より鳥瞰的《ちょうかんてき》視野あるいは別の観点に立つという契機も生じにくいからである。

このため、既存の枠組みにとらわれることなく、より多様な観点から柔軟に企画立案機能を果たすことが必要な場合には、「プロジェクトチーム」のような形態の組織のほうが有効である。既存の定型的な組織編成からは一定の独立性をもち、さまざまな部署から横断的に人材を集められるからである。中央政府では、状況に応じて役割を与えられ、職務を機動的に遂行する分掌職《ぶんしょうしょく》の増加が指摘されているが、そこにはこのような背景も存在している。

［上崎　哉］

第14章

中央政府の意思形成過程

1 官房系統

▶ 官房系統

先に述べたように、わが国の各省の基本構造は、省一局一課であり、大臣一局長一課長が指揮命令系統の骨格となる。ただ、この系統にあって、とりわけ大臣と局長は、直接的に指揮命令系統全般に関与することは難しい。大臣による指揮命令の困難は**第13章**で述べたとおりだが、局長も事情は同じである。

というのも、局はわが国の行政組織において重要な単位であり、その長《ちょう》たる局長も、組織間外交や対外的説明・報告など、多くの責務を果たすことが要求されており、組織の管理に十分な時間を割《さ》くことは難しい。このため、各局には、局長の補佐機構として、局を筆頭する課が置かれている。さすがに「官房」という呼称は用いられず、「総務課」という名称が使われることが多いが、これ以外の名称が用いられる場合もあり、総称としては「筆頭課」がふさわしいであろう。

そして、わが国では、こうした各レベルの補佐機構を経由した管理経路が著しく発達している。詳細に示せば、「内閣官房一大臣官房一局筆頭課」という経路になり、こうした系統は「官房系統」と呼ばれている。

▶ 官房3課

官房系統は行政機関の管理において、どのような役割を担っているのであろうか。

その手がかりを示してくれるのが「官房３課」と呼ばれる組織である。官房３課とは、大臣官房が担っている機能のうち、主要な３つの機能を分担する課の総称である。これら３課の名称は各省共通ではないが、その機能を直接的に表現しているものによって代表させれば、「人事課」、「会計課」、そして「文書課」になる。

人事課が「POSDCoRB《ポスドコルブ》」(⇒第５章「3 ルーサー・ギューリックの行政学」)のうちの人事（S = staffing）機能を、会計課は同じく予算（B = budgeting）機能を担っている。そして、文書課は、法令や計画などの文書作成面における審査機能を担っている。

▶ 稟議制

官房系統に関して述べる前に、わが国の行政機関内部の意思形成過程について簡単な整理をしておきたい。

かつて、わが国の行政機関の意思決定は「稟議制《りんぎせい》」に基づいてなされているというのが通説であり、それを体系的に整理したのが辻清明であった。稟議制とは、組織の末端の職員が作成した原案が、組織のヒエラルキーの序列に従って順次回覧され、必要な場合には修正された上で承認を受け、最終的にその長の決裁が得られたならば、組織としての意思決定となるという仕組みである。

辻が描き出した稟議制は、①原案が大幅に修正されることはない、②すべての意思決定が稟議制によってなされている、③会議が開催されることはない、といった特徴をもつものであった。さらに、こうした考察に基づき、稟議制を採用しているわが国の行政機関には、①能率の低下、②責任の分散、③指導力の不足、という問題点が存在すると指摘した。

だがその後、キャリア官僚としての経験をもつ井上誠一により、辻の稟議制論は修正を迫られることになった。わが国では、最終的な文書処理に関しては稟議制が採用されているにしても、実質的な意思決定では多様な手法が採用されているというのである。そして、井上はそれを**図表14-1**のように示している。

［図表14－1］意思決定方式の諸類型

<table>
<tr><th></th><th colspan="2">類型区分</th><th>具体例</th></tr>
<tr><td rowspan="2">稟議書型</td><td colspan="2">順次回覧決裁型</td><td>法規裁量型行政処分の決定</td></tr>
<tr><td colspan="2">持回り決裁型</td><td>法令案、要綱の決定
便宜裁量型行政処分の決定</td></tr>
<tr><td rowspan="3">非稟議書型</td><td rowspan="2">文書型</td><td>処理方式特定型</td><td>予算の概算要求の決定
国会答弁資料の作成</td></tr>
<tr><td>処理方式非特定型</td><td>生産者米価の政府試算の決定</td></tr>
<tr><td colspan="2">口頭型</td><td>会議への出欠席に関する決定</td></tr>
</table>

出典：井上誠一『稟議制批判論についての一考察―わが国行政機関における意思決定過程の実際―』行政管理研究センター、1981年、10頁

図表14-1にまとめられている井上の議論は、以下の３点において辻の見解に修正を迫るものであった。

第１に、実質的な意思決定のすべてが、稟議書によってなされているわけではない。**図表14-1**が示す通り、非稟議書型と呼ばれる方式も存在している。

第２に、稟議書型に分類されるものであっても、後に詳述するように、意思決定過程で会議が重要な役割を果たすことも少なくない。

第３に、稟議書は必ずしも能率の低下をもたらすものではない。稟議書には、作成した課の職員が持回りによって押印を求める「持回り決裁型」と、辻が描いたのに近い「順次回覧決裁型」とがある。持回り決裁型の場合には、職員が持回ることからその処理に長期間を要することはない。一方、順次回覧決裁型の場合にも、決裁権が下位の者に移譲されたり、「代決」といった手法が採用されたりすることで、短期間のうちに処理がなされるようになっている。

▶国会答弁作成過程

稟議制について触れたところで、次は、官房系統の機能様式を説明することにする。まず、最もシンプルな国会答弁作成過程を見ることとしよう（**図表14-2**）。**第11章**で触れたように、各議員には、議題に関連する内容について国会で質疑を行う権限が与えられている。

［図表14 - 2］官房系統のモデル図（国会答弁作成過程）

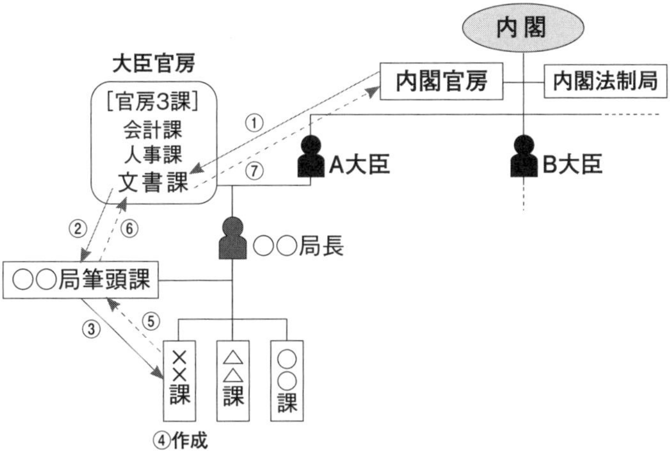

（筆者作成）

多くの場合、個別の質疑には各省が対応するが、政府としてはすべての質疑に対応しなければならない。このため、政府全体で質疑に対応する態勢を整えるために、官房系統を通じて政府全体が統制されることになる。

正規の指揮命令系統からいえば、「内閣→各省大臣」という経路で政府全体に指示が与えられるが、各レベルの補佐機構がその役割を担うことから「内閣官房内閣総務官室→大臣官房文書課」となる。さらに、指示を受けた大臣官房文書課は、各局の筆頭課に同様の指示を与える。

こうして、政府全体で質疑に対応する態勢が整えられるが、全議員の質問内容が確定するまで、この態勢が解除されることはない。すべての質問内容が確定して初めて、この態勢は解除される。その際には、内閣総務官室から各省大臣官房文書課を通じて、「国会待機解除」の指示が発せられる。ただし、この段階ですべての部署が解放されるわけではなく、質疑に対応しなければならない部署は、答弁資料を作成することになる。

議員が行政機関に対して質問の意思を表明することを「質問通告」と呼ぶ。この質問通告は、各省が参議院第一別館にもっている政府控え室に議員が連絡を入れることによって成立する。各省で、国会連絡を担当しているのも大臣官房文書課であり、質問通告を受けると、答弁資料を作成すべき局を判断した上で指示を出す。この場合も、その相手は局長ではなく筆頭課である。指示を受けた筆頭課は、適切な課を判断した上で、答弁資料作成の指示を与える。

指示を受けた課は、議員のところに担当者を派遣して質問内容を教えてもらう。これを「質問取り」という。ただし、ここで担当者は、単に内容を聞き出すだけではなく、言葉巧みに誘導したり情報を提供したりして、質問を取り下げてもらうことが期待されている。仮に、それが適《かな》わない場合でも、すでに用意されている回答で間に合う質問に変えてもらえるよう働きかける。万一、国会という公《おおやけ》の場での答弁に間違いがあった場合には、野党に格好の攻撃材料を提供し、場合によっては、法案や予算案の審議に支障をきたす恐れが生じる。そこで官僚としては、そうしたリスクの芽は事前に摘《つ》んでおきたいと考えるのである。

ただし、こうした働きかけが成功しなかった場合には、答弁資料を作成する必要が生じる。担当者から質問内容について連絡を受けた担当課でまず答弁資料が作成されるが、それがそのまま正式の答弁資料となるわけではない。まず、局筆頭課によるチェックが入る。また、局にとって重要な問題の場合には、局長が直接筆を入れる場合もあるとされる。局レベルでのチェックを通ったならば、次は局筆頭課から大臣官房文書課に提出され、そこでのチェックに通って初めて、正式の答弁資料となる。

すなわち、「内閣官房総務官室→大臣官房文書課→局筆頭課→担当課→局筆頭課→大臣官房文書課→内閣官房総務官室」という経路で管理がなされているのである。このように指示命令および意思形成過程が定型化され特定されていることから、こうした過程は「処理方式特定型」とも呼ばれている。

2　予算編成過程

▶予算編成過程と内閣の役割

第11章で論じたように、予算の議決は国会の重要な行政統制手段の１つであるが、予算案を国会に提出するのは内閣の権限である。さらに、予算案の基となる財務原案を提出する責任は財務大臣が負っており（財政法第21条)、実際にその作成作業に当たるのは、財務省と各省の官僚である。つまり、予算編成作業のかなりの部分は、行政機関内部で行われており、ここに中央政府の意思形成過程の一様式を見出すことができる。

では、わが国の予算編成過程はどのように描くことができるであろうか。

予算編成には種々の政治的要因が影響するが、ここでは、内閣、財務省そして各省という３つのアクターを中心に、ある意味理念型的なモデルとして予算編成過程を描くことにする。

４月、５月は通常国会に追われる内閣も、その終盤に差し掛かってくると、そろそろ次年度の準備を始めることとなる。その成果がまず公にされるのが、例年６月中に策定される「経済財政運営と構造改革に関する基本方針」(2002年以降)、いわゆる「骨太《ほねぶと》の方針」である。この「骨太の方針」は次年度の経済財政政策の基本的な方向性を示すものであるが、その策定に際しては、経済財政諮問《しもん》会議で審議された上で内閣総理大臣に答申がなされ、それを閣議決定するという手続がとられている。

閣議決定を経ることに加え、経済財政諮問会議の議長を内閣総理大臣が兼ねていることから、「骨太の方針」は単なる指針を示すものではなく、その後の政府の意思決定を強く拘束する力をもっている。また、内閣が重要視する政策課題が取り上げられているという点でも、重要な文書である。

「骨太の方針」が決定されたならば、それを予算面で詳細に定めた「予算の全体像」が例年７月に決定される。そこに示される基本方針に基づいて、財務省と各省を中心に、具体的な予算編成がなされる。

その後、再び内閣が予算編成過程に関与するのは12月頃のことである。まず、財務原案が決定され、続いて閣議に提出される。年末も差し迫った頃に閣議決定された予算案は、年が明け通常国会が開かれると、内閣総理大臣の施政方針演説がなされた後に国会に提出される。その時期は、財政法第27条において、１月中を常例とすると規定されている。

▶ 各省の予算編成過程

「骨太の方針」に基づいて「予算の全体像」を決定し、それに沿って編成された予算案が上がってくるのを待って閣議決定するというのが、内閣レベルから見た予算編成過程の概要である。この流れだけを見てしまうと、「骨太の方針」の決定を受けて各省が予算要求をまとめていることになるが、時間的制約から、「骨太の方針」の決定以前から、各省の予算編成過程は始まっている。

先述のように、１月の通常国会が始まると、予算案に関する議論の場は衆参両院に移されることになる。特に国会で予算案が審議されている間は、やはり官僚は、相当の時間と労力を国会対応にそそぐ必要があるが、この頃から徐々に、次年度の新規施策に関する議論も始められる。そして、予算が成立して桜の花が咲く頃、官僚が一時の閑《かん》を楽しんだのち、次年度の予算編成作業は本格的に始まることとなる。

各省における予算編成は、次年度の新規施策の決定から始まる。各課などから新規施策に関する提案がなされ、その中から課内そして局内の議論に生き残ったものについて具体化の作業が進められる。

新規施策の具体化のためには、多くの場合、「立法措置《そち》」と併せて「予算措置」が必要であり、そのための作業が進められる。まず、原課で従来施策に関するものも含めて予算要求がまとめられたならば、局筆頭課に提出の上査定を受ける。この際、特に重要な事項に関しては局長が直接査定するが、それ以外の項目については局筆頭課が査定の役割を負う。

こうして、各課の予算要求が局筆頭課を中心に査定され、それらが局の予算要求としてまとめられたならば、次は大臣官房会計課に提出され、ここでまた査定を受ける。この段階では、先に査定側であった局筆頭課は、原課とともに要求する側に回り、大臣官房会計課が査定する立場に立つ。

このように、省内で予算編成作業が着々と進められる頃になると、「予算の全体像」を受けて、財務省より各省に対して概算要求基準が示される。この概算要求基準は、各省の予算要求の上限を事前に示すものであり、例年７月から８月に明らかにされる。概算要求基準を受けた各省は、その枠内で予算要求をまとめたものを、概算要求として財務省に提出する。概算要求の提出期限は、「予算決算及び会計令」第８条第３項に８月31日と規定されており、この時期になると、各省の次年度の新規施策の概要が明らかになる。

▶財務省の査定過程

各省の予算要求が出そろったならば、今度は財務省の主計局を中心に査定作業が進められる。主計局は、局長と３人の局次長をトップとする組織であるが、各章の予算要求を査定するのは11人の主計官である。11人のうち総務担当の２人を除く９人が、担当省庁・分野の査定を行う。さらに、主計官のもとに数名の主査が配置され、実際の査定に当たる。

各省から提出を受けた予算要求は、担当主査によってまず査定される。ここでは、原課と局筆頭課が中心となってヒアリングと査定を受けるが、先に査定側であった大臣官房会計課も、職員を出して要求側に回る。ここでの査定に通ったものは、今度は主計局内部での査定にかけられる。主計局での査定では、３人の局次長がそれぞれ３人ずつの主計官を抱える形となり、査定側である局次長とその補佐役である主計局総務課課長補佐に対して、主計官を中心とするチームが要求側に回る。そして、この段階でも生き残ったものが、財務省省議にかけられた上で、財務省原案としてまとめられる。

これまでの流れを整理すると**図表14-3**のようになる。何段階もの査定を経ることに加えて、基本的に各アクターが、査定と要求の２つの役割を担うという点が大きな特徴である。ある段階で査定側に立っているアクターも、次の段階では自ら査定される側に回るため、要求に安易に屈してしまうわけにはいかない。次の段階で安易な査定が問題視されかねないからである。

［図表14 - 3］官房系統のモデル図（予算編成過程）

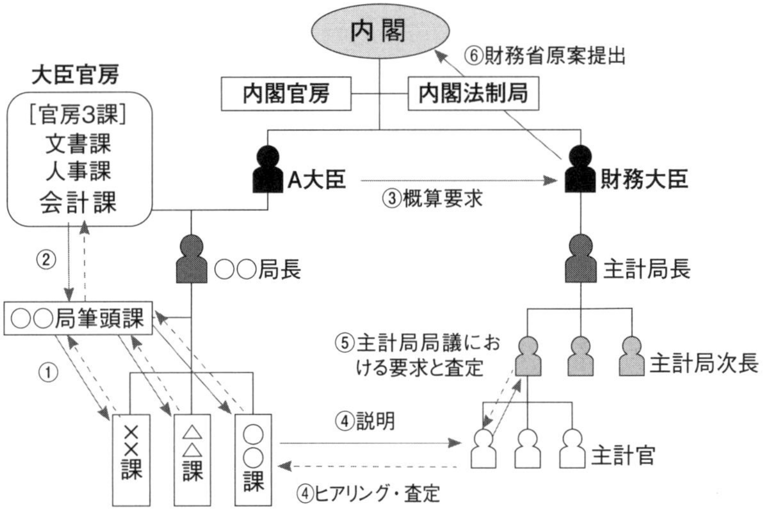

（筆者作成）

また、次の段階で要求側に回るためには、査定を通じてその内容を熟知し納得することが求められている。このため、査定側を納得させられるかどうかが、予算要求の成否を左右することとなる。

このように、わが国の予算編成過程は、査定が安易に流れないような制度的工夫がなされていると評価することもできる。また、こうした一定のルーティンが確立されていることから、「処理方式特定型」に分類されている。

3　法案作成過程

▶内閣提出法案

内閣総理大臣には、憲法第72条において、内閣を代表して国会に議案を提出する権利が与えられている。この議案の中には、法律案も含まれるというのが一般的な解釈である。すなわち、内閣が国会に対して法案を提出するという「内閣提出法案」（閣法）が制度的に認められている。

ただし、内閣総理大臣が提出するにせよ、実際の作成作業を主に担うのは各省である。よって、その作成過程もまた、行政機関の意思決定過程を明らかにする上で、重要な素材を提供してくれるものである。さらに、その過程は予算編成過程とは様相を異にしている。先述のような予算編成過程が採用される背景には、時間的制約に加えて各省の役割分担が相当程度明確化していることが挙げられる。だが、法律の場合には、それがひとたび制定されると、各省の権限を変化させ、ひいては組織間の関係を変容させる可能性があるがゆえに、その手続きはより慎重に進められる。

▶局内の法案作成過程

「２ 予算編成過程」でも論じたように、新年が明ける頃から、次年度の新規施策に関する議論が官僚たちの間で交わされはじめる。そして、およそ目途《めど》が立ちそうなものについては、末端の官僚の手によってその推進に必要な法案の素案が作成される。作成された素案は、上司である課長のチェックをまず受けるが、その段階で課長が否定的な見解であったとしても、議案として課の会議には付されるようである。

課の会議でゴーサインが出されたならば、その場の議論での修正点を踏まえ、局筆頭課に提出される。すると、局筆頭課から調整すべき局内の他の課が示されるので、次はその各課との調整作業に入る。調整は文書を通してなされる場合もあるし、実際に会議がもたれることもある。こうして、局内での合意がおよそ得られたならば、今度は大臣官房文書課に提出される。提出を受けた大臣官房文書課は、同じく省内の関係部局を明示した上で、その各局との調整を指示する。

▶各省折衝

こうしておよそ省内での合意が得られたならば、次は正式に法案の起案作業が開始される。これを担当するのは同様に原課である。作成された原案は局筆頭課に提出され、内容面でのチェックを受ける。さらに、そこで修正されたものは大臣官房文書課に提出され、さらにチェックを受ける。こうして、法案としての形を整えたならば、次に待っているのは「各省折衝」である。これは、法案提出に先立って、関係各省との間で意見調整を行った上で了解を得ようとするものであるが、ほとんどの場合、全省と折衝が行われるようである。

この各省折衝は、各省のセクショナリズムが前面に現れてくる過程であり、法案作成過程の大きな障害の１つとされる。原案を作成した省としては、何とか他の各省の関与を排除したいと考えるのに対し、他の各省としては自らの関与の根拠を法律の中にもたせたいと考えるのである。この過程では、省内の調整と同様に、会議や文書のやり取りによって意見交換がなされるが、この段階で各省の同意が得られなかったものは、少なくともその時点から先に進むことはない。

▶内閣法制局下審査と与党審査

内閣提出法案の最終的な責任を負うのは内閣である。しかし、内閣が、すべての内閣提出法案についてその細部までチェックすることは当然不可能である。このため、法令案の審査などの面において内閣を補佐する機関として、「内閣法制局」が設置されている。内閣提出法案については、この内閣法制局が、憲法との関係、他の法令との関係、法文の構成、そして、言い回しなどについて細かくチェックする。

内閣提出法案に対する内閣法制局の審査は、二段階でなされることが通例である。まず、各省間で合意がほぼ見られた段階で、「下審査」あるいは

「予備審査」と呼ばれる最初の審査を受ける。

この下審査を経たならば、次は「与党審査」あるいは「事前審査」と呼ばれる、与党の事前の審査を経ることが慣例となっている。予算案の場合、その不成立は内閣不信任決議案の可決に近い意味をもつが、法案の場合には、その不成立が常にそういった意味をもつわけではない。このため、法案については、与党議員であっても、議場での採決に加わらないといった行動などを通して、自らの政治信条に則った判断を示す余地が存在している。

しかし、与党を代表する内閣が法案を提出する以上、反対の立場を公《おおやけ》の場で表明することは基本的に難しい。そこで、閣議決定を経る前に、与党議員の主張を法案に反映させる場として、与党審査が慣例的に設けられている。

与党審査は、まず自民党政務調査会の各部会において、担当局長以下の出席および説明を求めた上で行われる。部会での決着を見たならば、次は政務調査会審議会で議論されるが、その場から官僚は排除され、国会議員である部会長が中心となって説明し、質疑応答が行われる。

さらに、政務調査会審議会で決定を見たならば、国会での与党議員の行動に関する最高決定機関である総務会で議論され、そこでの決定を見ると与党としての態度が決定されたこととなる。

▶閣議決定

こうして、与党の支持が得られたならば、再度その意見を踏まえた上で法案の最終的な作成が行われる。原課で作成されたものが局筆頭課および大臣官房文書課の審査を受け、それが通ったならば、法案の閣議への提出を求める「閣議請議《せいぎ》」が内閣官房に対してなされる。内閣官房に提出された法案は、内閣法制局に送付され、そこで再度審査がなされる。内閣法制局での二度目の審査を受けた法案は、内閣官房に回付され、閣議決定された上で国会に提出される。

［上﨑　哉］

第15章

公務員の採用と管理

1　日本の国家公務員

▶ 国家公務員の種類

図表15-1は、新卒者などの若い求職者が受験できる国家公務員試験の一覧である。この一覧に挙げられている国家公務員は、国家公務員法上では「一般職」と「特別職」に二分されるが、採用人数から見ると一般職が大半を占める。

［図表15 - 1］大卒程度の国家公務員試験

【行政職員】	【国会・裁判所職員】
●国家公務員総合職・一般職	○衆議院事務局職員総合職・一般職
●国税専門官	○衆議院法制局職員総合職・一般職
●労働基準監督官	○参議院事務局職員総合職・一般職
●財務専門官	○参議院法制局職員総合職・一般職
●食品衛生監視員	○国立国会図書館職員総合職・一般職
●法務省専門職員	○裁判所事務官総合職・一般職
●航空管制官	○家庭裁判所調査官補
●皇宮護衛官	
■外務省専門職員	
○防衛省職員総合職・一般職	

●：一般職で人事院が試験機関　■：一般職で人事院以外が試験機関
○：特別職

（筆者作成）

それでは、国家公務員法は一般職と特別職をどのように分けているのだろうか。同法第２条第２項は「特別職に属する職以外の国家公務員の一切の職を包含する」と規定しているので、一般職の範囲は、限定列挙された特別職によって決まる。国家公務員法の規定は特別職には適用されないので、別に規定を設ける理由のある職が特別職として列挙されている。

まず、立法権や司法権を支える国会職員と裁判所職員などは三権分立の原則から特別職に位置づけられる。さらに行政権のもとにある防衛省職員も、自衛官が大半であることでわかるように、職務の特殊性ゆえに特別職とされている。

なお、一般職・特別職の区分は、採用試験上の総合職・一般職の区分とは別である。

▶国家公務員の人数

一般職と特別職の人数について、2017年と2000年とで比較したものが、**図表15-2**である。一般職現業職の枠がなくなっているのがすぐわかる。これには、2007年に郵政公社が民営化され、約25万人の職員が公務員でなくなったことが大きくかかわっている。現業職としては郵政のほか、国有林野・印刷・造幣の職員がいた。このうち印刷・造幣については、行政執行法人の職員として公務員の身分を保っている。林野の場合、法人化はされず、国家公務員法が適用されている。

[図表15 - 2] 国家公務員の数

単位：1,000人

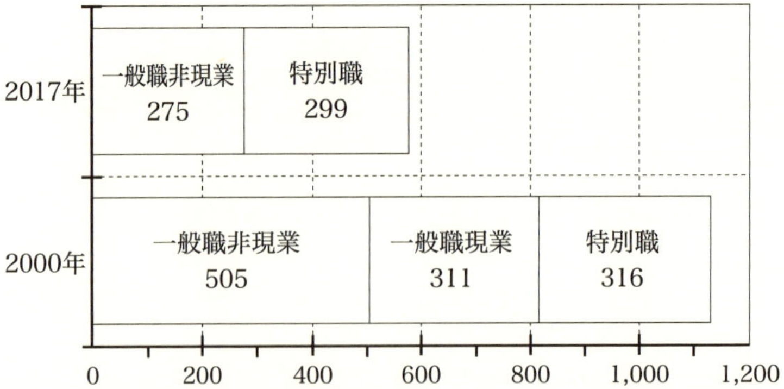

※約3,000人の検察官と約7,000人の行政執行法人の職員を省略してある。

（筆者作成）

他方、一般職の核というべき各省庁勤務の職員（非現業国家公務員）に関しては、1969年から「行政機関の職員の定員に関する法律」（総定員法）によって、特別職の一部も含め増員が厳格に抑制されてきた。同法の適用対象の変化などがあり定員実数は改正を経ているものの、基本的には当初設定された1967年度定員のレベルで職員数が抑えられていると考えてよい。現在、上限は33万1,984人と定められている。

▶採用の原則

さて、新卒者などが受験する一般職の採用試験は、国家公務員法第36条が定める競争試験による採用の原則に基づいている。この採用試験は、受験資格を有するすべての国民に対して平等に公開されるという条件のもと、所定の試験機関によって行われる。ここで、受験資格を定め試験機関を指定するのは、人事院という内閣の所轄下に置かれた中央人事行政機関である。

人事院は、国会の両院の同意のもと内閣によって任命される人事官３人からなる合議制の機関であり、人事院規則を制定する準立法権が与えられている。その人事院規則が、一般職について採用試験の種類とともに、日本国籍を有しない者が受験資格をもたないことや、試験機関が原則として人事院であることを定めている。

試験機関としての人事院は、試験を実施し、合格者を決め、採用候補者名簿を作成する。国家公務員法第55条によって任命権は各省大臣に与えられているので、採用候補者名簿から採用者を選ぶのは各省である。つまり、採用試験に合格しても各省からいわゆる内定をもらわなければ国家公務員にはなれない。

▶管理の原則

採用された職員は各省職員として、他省との人事交流に出向くことはあるものの、基本的には同省のなかで異動と昇進をしていく。そして、職員は何回かの昇進を経て原則として60歳で定年を迎える。

定年までの在職期間中について、意に反した降任や休職、免職の処分を受けないことは国家公務員法第75条で保障されている。ただし、義務違反があった場合には、免職・停職・減給・戒告の懲戒《ちょうかい》処分を受ける。懲戒処分を行うのはまず任命権者、すなわち各省大臣である。

加えて、人事院や人事院に置かれた国家公務員倫理審査会も懲戒手続に付す権限をもつ。国家公務員倫理審査会は、続発する公務員不祥事に対する批判を背景に1999年に制定された国家公務員倫理法に基づく委員会である。利害関係者からの贈与の禁止など、国家公務員倫理規程に違反した職員に対する懲戒処分に当たっては、同委員会の事前承認が必要とされている。

2　2つの採用・管理システム

▶職階制の背景と基本

職業として公務に携わる公務員を採用し管理するシステムは、歴史上、「職階制」と「キャリアシステム」という2つのシステムとして確立されてきた。

前者の職階制は、20世紀初めからアメリカで広く用いられてきた採用システムである。もともとは、給与額の決定について「えこひいき」をなくし、同一労働・同一賃金の原則を確立するために導入された。複数の人が行う仕事を同一労働とみなすには、人を見て同じように仕事をする人をそろえるより、先に仕事を明確に定義して、その仕事だけを人に行うよう求める方が現実的である。

そのように定義された仕事は「職」（position）と呼ばれる。行政組織で必要な仕事が、1人によって担うことのできる単位としての職に分解されれば、全体としては、種類（職種）と責任（職責）の度合いによる職の分類表（classification）ができあがる結果になり、それが職階制（position classification）にほかならない。

▶職階制の特徴

明確に定義された職には責任に応じた程度の「格（ランク）」というべき行政の権威が伴う。この点を捉えて、職階制は「ランク・イン・ポジション」のシステムともいわれる。つまり、職階制では、ある人が人物としてどんな格をもっていようと、ある職に就く以上、同職に伴う権威しか認められない。逆にいえば、職の権威の根拠となる責任を担う能力を現にいまもっていなければ、人は行政の職に決して採用されない。それゆえ、職階制をとる場合には必然的に、行政組織は、特定の職の仕事に長《た》けたスペシャリストの集団になる。

スペシャリストであることは、同一職種での上位と下位の職の間でもいえる。すなわち、上位の職が空席になったとき、同一職種だからといって、すぐ下の職に就いている職員が上位の職責を担うことはできない。担うのであれば、担うに足る能力をあらためて証明する必要がある。それは、いまは行政の職に就いていない、たとえば民間企業の職員と同列に課せられる採用要件である。

このように職階制では、特定の職に伴う責任を担う能力の存在が職に就く絶対条件とされる以上、現職が公務員であるか否か問う意味は原理的にはない。むしろ広く労働市場から適任者を募る必要があるので、その意味で職階制は「開放型」と呼ばれる。

▶キャリアシステムの背景と基本

職階制は、行政組織の仕事を職に分解して、各々の職にその職を担う能力をもつ人を採用するシステムなので、余剰人員を抱える無駄はなく、すべての職に適切に人を充てることができれば、行政組織が全体として所定の役割を果たす予測可能性が大きくなる。もっとも、逆に捉えれば、職階制は人材の潜在能力を活用できないし、環境の変化に応じて行政組織が役割を調整するのは難しいといえる。職階制と対照的なキャリアシステムはそうした点で逆に強みを発揮する。

そもそも、教育背景などが同質的で、行政組織から見て公務員にふさわしい資質をもつ集団が労働市場で安定的に見られるなら、職をひとつひとつ明確に定義する手間をかけなくても、その集団から一定の人数さえ採用すれば組織が機能すると期待できる。実際、ヨーロッパや日本の行政組織は、高いレベルの高等教育機関の新卒者を多く幹部候補の公務員として採用してきた。

そして、各部署の職に配置して仕事を覚えさせ、さまざまな部署への異動を行って組織全体に適応させ、時間をかけて幹部として育成するというシステムを確立した。１人の職員が組織内で職歴（キャリア）を積み上げることを前提に採用を行うので、こういったシステムはキャリアシステムと呼ばれる。

▶キャリアシステムの特徴

キャリアシステムでは採用時に公務員の身分が与えられる。そのあとで具体的な職に配置されるから、格は公務員に採用された人に伴う。反対に、公務員の身分をあらかじめもたなければ行政組織の職には就けない。その意味で、キャリアシステムは「ランク・イン・パーソン」のシステムであり「閉鎖型」ともいえる。加えて、特に幹部候補として採用された職員はさまざまな職を経験するのでゼネラリストであり、この点でも職階制と対照的である。

さて、キャリアシステムは職員のキャリアの積み上げを前提にするが、行政組織が上位になればなるほど、先が細くなるヒエラルキー組織である以上、職員にとってはキャリアを積み上げればそれだけ就くことのできる職が少なくなるという矛盾が生ずる。

こうした矛盾を解消するには組織の外に職を求めるしかない。すなわち、昇進可能性を否定された職員は退職して、仕事を続ける必要があれば民間企業などの他の組織に再就職することになる。事実、キャリアシステムをとる日本ではいわゆる「天下《あまくだ》り」が存在する。

このようにキャリアシステムは、幹部職員について「上がるか出るか」の原則(「アップ・オア・アウト」の原則)を構造的にとらざるを得ない。

3　日本の採用・管理システム

▶職階制の建前

先に述べたとおり、日本の公務員採用・管理システムはキャリアシステムである。しかし、キャリアシステムが前提とする身分は、以下に説明していくように、法律には基づかない事実上のものになっている。

法律上の身分は、戦後、大日本帝国憲法第10条が定めていた天皇の任官権(「天皇ハ行政各部ノ官制及《およびぶん》文《ぶ》武官《かん》ノ俸給《ほうきゅう》ヲ定《さだ》メ及《および》文武官ヲ任免ス)に基づく「官吏《かんり》」という身分が廃止される形で否定された。

戦前は、その官吏の身分に任じられ、特定の職に配置される「任官補職」の原則が確立しており、典型的なキャリアシステムをとっていた。このキャリアシステムは、1947年制定の国家公務員法によって職階制が規定されたことにより法律上は消滅した。職階制の規定は2009年まで存在したが、次に見るように現実には職階制は機能していなかったので、職階制は単なる建前だけになっていたといえる。

▶ 変則キャリアシステム

もっとも、建前の職階制によって身分は否定された。では、戦後のキャリアシステムは何を身分の代わりにしてきたのだろうか。答えは、国家公務員採用試験の種別にある。

たとえば、最難関の国家公務員採用Ⅰ種試験（現在の総合職試験）は、「行政(一)三級の係員等を採用するための試験」と題されていた。一見、単に「行政（一）」という職種の三級係員という職責に採用する職階制に基づく試験ととれる。しかし実際には、その試験に合格した採用者は幹部候補としてさまざまな部署を経験しながらキャリアを積み、一定の昇進後は「アップ・オア・アウトの原則」に従うことになる。裏返せば、より上級の職責に直接採用される者は原則上存在せず、開放型の特徴は認められない。

加えて、「行政（一）」は、職階制の職種としてはあまりにも広すぎる。「行政（一）」とは、一般職の国家公務員の給与を定めた「一般職の職員の給与に関する法律」に付された「行政職俸給表（一）」を指し、いわゆる事務官がほとんど適用対象になっている。

つまり「行政（一）」とは、あくまで適用される給与の種別しか意味しない。逆にいえば、各省庁の多様な職はほとんど「行政（一）」の公務員で占められており、それゆえに「行政（一）」で採用された者はさまざまな部署に異動することが可能になっている。

このように、職階制の見た目をとりながら実際にはキャリアシステムになっていたので、2009年に職階制の規定が廃止されたことは、システムの変更を意味しない。ただし、身分が復活したわけでもない。現在の総合職試験は、「政策の企画及び立案又は調査及び研究に関する事務をその職務とする官職」への採用試験とされている。こうした現実を認識する上では、日本の公務員採用・管理システムは「変則キャリアシステム」と呼んだ方がよいだろう。

▶ 「キャリア」の昇進

国家公務員総合職採用の職員は俗に「キャリア」、同一般職採用の職員は

「ノンキャリア」と呼ばれている。これが事実上の身分となり、昇進の可能性と速度を左右する。このうちキャリアは、ヒエラルキーの上位まで昇進するために、「アップ・オア・アウトの原則」に従う運命にある。

この原則が適用されはじめるのはかなり遅く、採用後20年前後で本省の課長になるまでは、タイミングに多少のズレはあるが、同期入省者はほぼ同時期に同じ昇進を受ける。

その後、同期から１人の事務次官を出すまで、「アップ・オア・アウトの原則」に基づく競争が続く。競争は単に課長以上での勤務評価だけに基づくわけではなく、入省時から蓄積されてきた評価が響いてくる。こうした昇進管理のシステムは「遅い昇進」と呼ばれる。ここでは、採用者全員に高いレベルの能力が期待でき、しかも、外からの人材の引き抜きを心配する必要がない環境が前提となっている。このシステムによって日本の行政組織は、いわば「くさる」職員が出るのを防ぎ、長期にわたって資質を見きわめて幹部を選抜するのに成功してきたと考えられている。

▶「ノンキャリア」の昇進

ノンキャリアの昇進も、「遅い昇進」によって管理されていることではキャリアと共通している。

[図表15 - 3]「二重の駒型」モデル

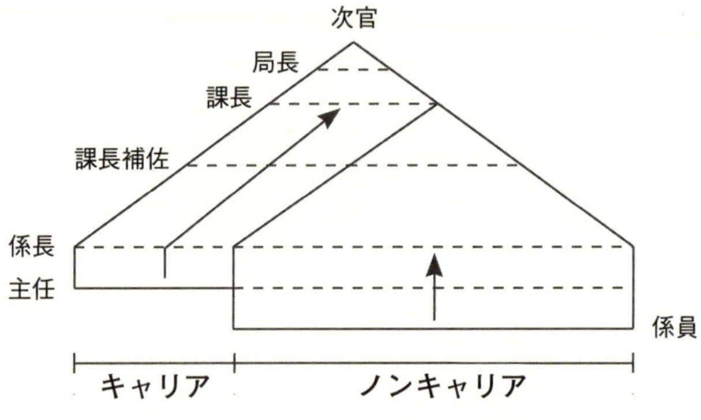

※矢印：同期入省者の同時期昇進を示す。

出典：[稲継裕昭『日本の官僚人事システム』東洋経済新報社、1996年、35頁] を基に修正加筆。

異なるのは、①同期同時昇進が係長レベル止まりである点、②同期同時昇進後に「アップ・オア・アウト」の原則をとらず、昇進した職に望めば定年まで留まることができる、いわば「アップ・オア・ステイ」になっている点の２つについてである。

①は採用時点において組織全体を管理する幹部でなく業務に精通した専門家になることを期待されている表れであり、②はヒエラルキー中位ゆえにステイをしても提供できる職の数が多いから可能になる。

▶「二重の駒型」による管理

キャリアとノンキャリアとの関係で人事管理上特筆すべきは、両者の間でスタートする職位がほとんど変わらず、昇進にかかる年数は異なるものの、少なくとも係長までは昇進職位を共有できることであろう。すなわち、キャリアとノンキャリアが事実上身分になっているとしても、全く異なる世界をつくっているわけではない。

職位を縦軸に、在職人数を横軸にとって、キャリアとノンキャリアの昇進システムを図で描くと、**図表15-3**のように「二重の駒型《こまがた》」になると説明されている。実際の職場がノンキャリアの支えを前提にしている以上、こうした構造はノンキャリアのやる気を引き出すのにプラスに作用していると考えることができる。

[中沼丈晃]

第16章

官僚と政治家

1　人事をめぐる関係

▶政治的被任命職の必要性

現代の行政国家では、国民によって直接的に選出された大統領であれ、議会によって信任された内閣であれ、民主的に政府運営をゆだねられた政治家は、能力に基づいて採用された公務員が組織する巨大な官僚機構の上にいる。本来、官僚は、職務を遂行する能力に基づいて採用されたがゆえに政治的には中立であり、時の政権の施政方針に従って行動すると考えられるが、実際には、新たな方針に鈍感だったり抵抗したりすることが多い。

そこで政府の政治家は、施政方針の実現を推進するために、自分と政治的立場を共有する人を政府の要職に任命する。このように任命権者との政治的立場の近さに基づいて任命される職は「政治的被任命職《ひにんめいしょく》」と呼ばれる。当然、同職に就いた者は、任命権者が政府から去ればともに辞めることになる。

▶政治的被任命職の増加

日本の場合、欧米諸国と比べてこの政治的被任命職の層が薄いことが特徴になっている。まず、内閣総理大臣をじかに支える内閣官房では、国務大臣たる官房長官１人、その補佐をする官房副長官３人のうち２人、側近として日常的な調整を行う総理秘書官７人のうち１人、重要政策について総理にアドバイスをする総理補佐官５人（ただし常に５人全員が任命されているわけではない）に限られる。

ついで、内閣官房の外縁に位置する内閣府では、特命担当大臣数人、副大臣３人、大臣政務官３人が政治的被任命職に当たる。さらに、各省では、副大臣が１人または２人、および大臣政務官が１人から３人、秘書官１人が政治的被任命職である。それでも、2001年の省庁再編時の内閣機能強化に至る一連の行政改革によって、政治的被任命職の層は従来に比べてずいぶん厚くなった。まず内閣官房では、1996年に総理補佐官が３人枠で新設され、1998年には官房副長官の政治的被任命職が従来の１人から２人に増加し、省庁再編時に総理補佐官が５人枠へ拡大した。

また府省の特命担当大臣・副大臣・大臣政務官も、省庁再編時に新設された政治的被任命職である。そのうち副大臣と大臣政務官は、従来置かれていた政務次官に代わるポストであり、政務次官も1999年以降、原則１人枠から原則２人枠への拡大が行われてきた。そして政務次官から副大臣・大臣政務官に移行する際、大臣を補佐するこのレベルの政治的被任命職は、最低１人から２人に増加している。

▶官僚人事の自律性

先述の政治的被任命職には、任命者とともに政府に入り、またともに政府から出て行く人が任命される。政府の政治家が施政方針を推進する手段としては、そうした行政機構外からの任命の拡大とともに、行政機構内の官僚を要職に就ける際の人選への介入も考えられる。実際、官僚が強い影響力をもってきたヨーロッパ諸国では、官僚人事の「政治化」といえる傾向が見られる。

では、同様に官僚が強い影響力を保持してきた日本でも同じ動きが見られるのだろうか。結論からいえば、これまで長い間見られなかった。日本の場合、官僚のうち誰をいつどの職につけるのかどうかは、官僚、より正確には、ある１つの省の官僚の内輪で決められてきた。つまり、原則として、政治家に対する官僚人事の自律性は完全に保たれていた。もちろん、国家公務員法上では、政治家たる大臣が官僚の任免権を有しているが、実際に大臣が官僚人事を実質的に左右することはなく、任免は追認にすぎなかった。

▶ 省庁の「人事騒動」

例外的に大臣が官僚人事に介入した近年のケースを見て、官僚人事をめぐる政治家と官僚との関係を確認しておこう。近年では、1955年以来の自民党政権を崩した細川護熙《もりひろ》内閣（1993～94年）と自民党が政権に復帰した村山富市《とみいち》内閣（1994～96年）との間における通商産業省（現在の経済産業省）の局長・事務次官人事が最も話題になった。

事の発端は、新生党から通商産業大臣に就任した熊谷弘《くまがいひろし》大臣が、省内で次官着任が確実ともいわれていた内藤正久産業政策局長に辞職を求めたことにある。辞職要求の理由は、ある職員が選挙で立候補するに当たって辞職する直前に、官房長として慣例的に昇進人事を行ったことにあったが、内藤局長と自民党商工族との距離の近さが背景にあるといわれた。いずれにしても、内藤局長は自分の人事で省内が混乱に陥ったことを理由に辞職した。そしてその後、自民党の橋本龍太郎が村山内閣で大臣に就任すると、商工族の圧力を受け、内藤局長辞職時から次官を務めていた熊野英昭次官を事実上更迭《こうてつ》した。

この一連の人事は、「人事騒動」として報道され、現実になった政権交代の文脈において官僚人事に対する政治介入の拡大の可能性が見通された。すなわち日本では、政治家が官僚人事に口出しをしないことが当然視され、本来もつ任免権を用いる事態が事件、あるいは新たな展開の前兆として語られる。もっとも、通産省「人事騒動」以降もその「新たな展開」は見られず、官僚人事に対して政治家が距離を置く姿勢は、日本の政治家と官僚との関係の一面として持続している。

2　政策をめぐる関係

▶ 官僚による法案作成

人事とは全く逆に、立法過程という政策決定の場では、日本の政治家と官僚は緊密に連携する一面を見せてきた。議院内閣制をとる日本では内閣による法案提出が認められており、成立法の９割弱を閣法と呼ばれる内閣提出法案が占める。内閣は閣議決定で法案提出を決めるが、立法が大量かつ複雑になった今日、閣議決定の対象となる原案を作成しているのは、制定後に当該法律を所管することになる原課と呼ばれる省庁の課である。

つまり、原課を中心とする省庁の官僚が閣法の法案を作成し、内閣の政治家がそれを閣法として決定し、国会に法案を提出している。しかし、この過程での大臣と官僚との関係は決して緊密とはいえない。

▶ 与党審査

実は、政策決定において省庁の官僚が緊密な連携をとる政治家は、内閣の大臣ではなく与党の議員である。従来の自民党政権下での与党議員と官僚との連携を見ておこう。自民党で党の政策を審議するのは「政務調査会」であり、省庁枠を基本として設けられた部会が細かな議論をし、それを受けて審議会が議決する形になっている。

与党が内閣を支えており、国会の議決を左右する力をもつ以上、作成した原案を国会提出に結びつけ、法律として成立させたい官僚は、自民党の政務調査会やそこに出席する議員のもとに説明に出向く。他方、自民党議員も、自分達の意向を閣法に反映させる機会を求める。それゆえに、政務調査会は閣議決定以前における法案の与党事前審査の場として機能する。そして、政務調査会が議決をした法案について総務会の議決が行われると、国会に提出された同案について賛成をする義務を自民党議員は負うことになる。

▶ 与党審査と官僚人事との関係

与党審査における政治家と官僚の連携は、前に述べた官僚人事に対する政治家の介入を不必要なこと、あるいは避けるべきことにしたととれる。一方の介入不必要という見方は、与党審査で政治家が政策をチェックできるのだから、要職に就く官僚の人選はさほど大きな意味をもたないとするところから出てくる。他方、官僚作成の原案に対するチェックによって与党審査をする限り、官僚の政策立案能力なくしては政治家の影響力も行使できないので、政策立案能力を生み出す官僚の自律的な秩序を政治家はむやみに乱せないと考えれば、介入は避けるべきといった見方に至る。

どちらにしても、政治家と官僚との関係において、官僚人事に関する距離と政策決定に関する連携という相反する２つの面が結びついていると考えられる。

▶ 与党審査と小泉改革

先述の与党審査は、大臣としての政治家が内閣の施政方針を推進する機会にはなっていない。仮に自民党が一枚岩的な政党で、すべての議員の意見が内閣の方針と完全に一致しているのであれば、与党審査も、間接的ながら内閣が官僚をコントロールする手段になる。

しかし現実には、従来の自民党は、「派閥」「族議員」といった言葉が物語るように一枚岩にはほど遠く、内閣との一体感も強いとはいえなかった。どちらかというと、自民党内での政策議論は、新たな目的を実現する手段の考案より、集団間における勢力に応じた利益配分の均衡を保つ調整になる傾向が強かった。

したがって、「聖域なき構造改革」を掲げた小泉純一郎内閣（2001～06年）のように、利益配分の構造自体を変えるために強い指導力を発揮しようとする内閣にとっては、自民党内の審査による承認は施政方針との合致を保証するどころか、むしろ施政方針の実現の妨げになる危険が大きい。事実、最重要課題とされ、反対も強かった郵政改革について、小泉内閣は、郵政公社法案などを与党審査による承認抜きで国会に提出している。加えて、小泉が総裁として設けた自民党の国家戦略本部は、そのもとの国家ビジョン策定委員会の提言で事前承認の廃止を求めた。

▶ 民主党政権での混乱

結局、小泉内閣の期間では事前承認の廃止は実現しなかった。廃止を実現したのは、2009年の衆議院議員総選挙で政権交代を実現した民主党の鳩山由紀夫内閣（2009～10年）である。マニフェストで民主党は、政権構想の原則のひとつを「政府と与党を使い分ける二元体制から、内閣の下の政策決定に一元化へ」とし、政権交代にあたって、自民党の政務調査会に当たる政策調査会を廃止した。

ところが、民主党政権で鳩山内閣から菅直人《かんなおと》内閣（2010～11年）になると、政策調査会が復活する。会長には衆議院議員の玄葉《げんば》光一郎が選任された。玄葉は、政策調査会長のまま、内閣で国家戦略担当大臣にも任命されており、一応、「内閣の下の政策決定に一元化」の形を保った。続く野田佳彦《よしひこ》内閣（2011～12年）では、政策調査会長と大臣の兼務もなくなり、与党審査が復活した。

▶内閣人事局の新設

民主党政権は政治主導を掲げ、当初のマニフェストで、与党議員が100人以上、政府のなかに入り、省庁の政策立案を実質的に担うとしていた。これにより与党審査は不要となるはずだった。

しかし実際には、大臣などは、政治的被任命職の大幅拡大の実現を待たずに、省庁での政策立案から官僚を遠ざける姿勢をとった。同時に与党審査も廃止された結果、政府・与党双方において、政治家が官僚の政策立案能力に頼りにくい状況が生み出された。官僚の能力に代わりうる人材がいれば、官僚に頼らないのが政治主導の方法となりえる。しかし、現在の日本では、官僚に代わる人材を大量に安定的に供給できる見込みはない。そうであれば、内閣、なかでも首相が既得権益に縛られずに強い指導力を発揮するには、人事を通じて官僚をいかに導くかが課題となる。ここで、前に述べた官僚人事への介入は「避けるべき」という現状認識は、逆に「積極的にすべき」という規範に変わる。

第２次安倍内閣が2014年に新設した内閣人事局には、その規範を実現させる狙いがある（⇒第13章「1 内閣の補佐機構」）。具体的には、同時に改正された国家公務員法により、省庁の長官・事務次官・局長・部長などの幹部職の任免にあたって、首相・内閣官房長官と任命権者の大臣とが協議することになり、人事局はその事務局として位置づけられた。

3　政官関係論

▶官僚制優位論

ここまで述べてきた「政治家が官僚人事に口を出さない」「政治家が官僚の政策立案能力に依存している」という２つの特徴をそのまま捉えれば、日本では政治家に対して官僚が優位に立っていると考えるだろう。根拠は異なるものの、行政学でも「官僚制優位論」と呼ばれる議論が定着している。

官僚制優位論としては、戦後日本の行政学の基礎を築いた１人である辻清明のものが最も知られている。辻によれば、戦後改革の中で戦前の官僚制は温存され、さらに強化された。官僚制と対抗しうる勢力はそれぞれ、政界は公職追放によって、財界は財閥解体によって弱体化したが、占領を間接統治で行う上で戦前の官僚制はそのまま温存された。しかも、占領軍の権威がゆだねられたので、官僚制はより強化される。

他方、新しい民主主義のもとで力をもつ政治家は不在であり、強くなった官僚は政治家に対して優位を占める結果になったと考えられた。

▶政党優位論

その後、自民党が長期政権を維持し、族議員が台頭するようになると、村松岐夫《みちお》によって、政党、より正確には与党の自民党が官僚に対して優位に立っているとする「政党優位論」が提示されることになった。自民党の族議員とは、前に述べた政務調査会などで省庁単位の特定の政策に強くなり、省庁の官僚が法案に対する承認を得るために、いわば根回しに来る議員である。村松の議論に従えば、官僚はこの族議員との接触によって、官僚としての活動に必要な権限と予算を獲得しえるが、族議員による要求への応答によって自律性を奪われる。活動に不可欠な資源の調達を政党によって左右されるのだから、いまや官僚に対して政党が優位にあると結論づけられる。

▶新しい官僚制優位論

政党優位論に対しては、自民党長期政権の崩壊や省庁再編も含む行政改革の文脈の中で、族議員の影響力を過大評価しているのではないかという批判が出されている。戦後期とは異なる新しい官僚制優位論の登場といえよう。政治学者の佐々木毅《たけし》の批判が明確でわかりやすいので、簡潔にまとめておく。

佐々木によれば、族議員は省庁単位の特定の政策に強くなり、その省庁の官僚に圧力をかけるだけであり、いわば官僚制に「仕切られた政策分野」で影響力を行使しているにすぎない。もし本当に政党優位というのならば、省庁枠《わく》にとらわれない横断的で新たな視点に基づく政策の提示が、政党の政治家からなされなければならない。しかし、現実にはそうした状況になっているとはいえず、政党優位とはとても結論づけられないことになる。

［中沼丈晃］

第17章

行政活動の分野と手段

1　行政活動の範囲

▶行政分野と行政関与の程度の区別

今日、国民の生活の隅々にまで、行政はかかわっている。例として大学生の1日の生活を考えてみる。朝起きたときに寝ていた布団、着替えた服、身だしなみを整える整髪料、朝食とした食品、出かける家、歩く道路、乗る電車、最寄り駅から大学まで使う自転車、授業を受ける大学、授業後に通う教習所、友達に連絡をとるスマートフォン、郵便局で買う切手、夕食代をおろすATM、友達と夕食をとる飲食店などをとっても、行政が全くかかわっていないといい切れる物事は見当たらない。

一方で、最近では「官から民へ」というスローガンに象徴されるように、行政の役割は縮小されている。第1に行政は、鉄道やタバコ、電話、郵便などの事業を自ら運営することをやめている。これは、「民営化」と呼ばれる流れに当たる。第2に、行政は、民間の会社が商売を始めることや、商売の競争で価格・サービスなどを変えることに口を出さなくなったか、口出しの仕方を大まかにした。こちらの流れは「規制緩和」と呼ばれている。

もっとも、たとえば国鉄が民営化されても、いまの国土交通省には鉄道局があり、鉄道の整備や安全確保を「所掌《しょしょう》事務」としている。また、セルフサービス式のガソリンスタンドを認める規制緩和がなされても、ガソリンスタンドの経営や管理は、資源エネルギー庁や消防庁の仕事の対象に入っている。

こうした例から気づくべきことは、行政の活動の範囲を考える際は、鉄道や石油流通、危険物取扱といった行政分野と、行政がどこまで自ら行うのか、どこまで民間の会社など国民の選択に口を出すのかという行政関与の程度とは分ける必要があるという点である。

▶行政分野の拡大

福祉国家化が進み、行政が国民生活全般にかかわるようになった現代までに、行政分野の幅は国民生活の幅と一緒になった。ごく大まかにいえば、国民の安全を確保する分野から、経済や社会（保健・福祉・教育など）の分野へと広がりを見せた。このことは、ヨーロッパで近代に確立した中央行政の省組織が分化され数を増やしていったことで確認できる。ドイツの行政学者であるレナーテ・マインツのいう「古典的５省」に当たるフランスの財務省、外務省、内務省、軍務省、法務省を出発点とした省組織の増加が、行政分野の連なりの拡大を物語っている。

では逆に、現在において省組織の数が減れば、それがある行政分野の消滅を意味するかというと決してそうではない。2001年に日本が省の数を12から10に減らせたのは、行政分野を減らしたからではなく、分野のくくり方を以前より大きくしたからである。今日では、国民生活からある物事が消えない限り、行政分野の連なりが縮小することは考えにくく、行政分野に関する考察は、一定の幅における分野の分類のあり方を考えることを意味する。

2　行政活動の分野

▶行政分野の学問的分類

行政活動は、多種多様なものがあり、新しい物事が次々と出てくる社会全般を対象としている。そうした行政活動について、包括的な分野とそのもとの小分野を整理し、重複なくすべての物事を１つの分野に位置づける分類は現実的な作業ではない。行政活動より広がりはずっと限られるが、近年の音楽のジャンルの増加を考えればわかりやすい。したがって、行政活動の全体像を分類して捉えようとする学問的試みは、大まかな目安に留まる結果になる。

先に挙げたマインツは、次の５つに分類している。

①対外的安全の確保、②国内的秩序の維持、③必要資源の確保を通じた政治行政体系の行動能力の確保、④国内的対外的安全以外の集合ニーズの充足、⑤一定の目標に向かっての社会的発展の指揮制御《せいぎょ》。

また、日本では片岡寛光《ひろみつ》が、次のとおり６つに分類している。

(ａ)社会秩序行政、(ｂ)国土基盤行政、(ｃ)国際関係行政、(ｄ)経済産業行政、(ｅ)国民生活行政、(ｆ)教育文化行政。

両者の分類の間では、①が(ｃ)、②が(ａ)、④が(ｅ)、⑤が（ｂ）（ｄ）（ｆ）と対応づけられ、両者の分類が行政活動全体を包括しようとするものだとわかる。なお、片岡は「政府が社会に向かって行っていく活動」に主眼を置いたため、分類対象から③を外している。

▶行政分野と行政組織の所掌事務

他方、こうした学問的試みとは別に、行政組織の所掌事務の広がりも活動分野の認識につながる。ただし、学問的試みは、行政活動の全体像の理解を目的とした意図的で明確な分類であるが、所掌事務設定の目的は当面の分業であり、必ずしも分野を認識させることを意図したわけではない。たとえば、省庁再編における環境庁の環境省への改組には、農林水産などと同じレベルに環境という分野を位置づける意図があるといえるが、厚生省と労働省の厚生労働省への合併には、省の数を減らすための分業の変更という意図があるといった方がよい。

もっとも、省庁合併がいずれかの分野への注目度を低める結果になると懸念されたように、意図的であろうとなかろうと、行政組織の所掌事務、より具体的には組織名が活動分野の認識を導く結果になりうる点は強調すべきである。なぜなら、第１に、ある物事がどのレベルで１つの分野を構成すると認識されるかによって、配分される予算などの資源の量に影響が生じえるからである。例としては、宇宙開発が防衛の一分野とされるのか、それとも防衛と並ぶ分野とされるのかという違いを考えてみればよい。

また、第２の理由としては、どういった包括的な分野のもとに位置づけられるのかによって用いる手段の選択が左右される可能性が指摘できる。

たとえば、出版を文化分野に位置づけるのか、それとも経済分野に位置づけるのかによって、価格規制の可否に関する考え方が変わってくる。

3 行政活動の手段

▶行政関与の程度と行政手段の関係

行政活動の目的は国民生活に何らかの望ましい効果をもたらすことであり、そのために行政はさまざまな手段を用いて、行政の外の人や組織に対してある行動をさせるか、逆に行動を止める。国民年金を例に挙げれば、高齢者の生活を支えるために行政は、働ける世代に年金保険料を納めさせている。逆に、飲酒運転を禁ずることで、行政は交通の安全を確保している。

どの程度、人や組織の行動を促せるのか、あるいは抑えられるのかは、用いる行政手段によって異なる。まず、公権力をもつ行政は、罰則付きの義務を法律で課すという手段を用い、一定範囲のすべての人を対象に一律に行動を強制することができる。ここでは、行政は国民の選択を原則として完全に決めているので、社会に対する行政の関与度は最も大きいといえる。これとは反対に、広報紙を用いてまちの美化に協力を求める場合、関与度は非常に小さい。このように、ある行政手段が人々の行動を変える確実性の程度によって行政の関与度が決まる。

▶行政手段の種類と特徴

上に挙げた法律や広報以外にもさまざまな種類の行政手段がある。それらの手段は確実性の大小以外にも特徴があり、手段の種類と特徴との関連づけを明示できれば、行政による手段の選択にとって大きな助けになる。もっとも、これまで行政学は、手段の種類の列挙と、特徴を捉える視点の設定のどちらについても定まった方法を示すのに成功していない。その一因は、やはり分野の分類と同様、行政活動の範囲が社会全般に及び、多種多様で変化しやすい物事を対象にしているからである。

行政手段の種類と特徴との関連づけを図示した試みとしては、アメリカの行政学者レビンらによるものがあるので、**図表17-1**に示して説明する。

「①確実性」以外の特徴は、次のとおりである。

②迅速《じんそく》性—手段が迅速に作用する程度。

［図表17 - 1］行政手段の種類と特徴

種類＼特徴	①確実性	②迅速性	③低廉性	④能率性	⑤効果	⑥柔軟性	⑦認知度	⑧実施責任	⑨選択性
(a) 直接供給	＋					−	＋	＋	−
(b) 給付	＋					−	＋	−	＋
(c) 補助金	−					−		＋	＋
(d) 税制措置	−			＋				−	＋
(e) 規制	＋						＋	＋	−
(f) 貸付	−	−	＋				−	−	＋
(g) 保険	＋	−	＋				−	−	＋
(h) 契約	−	−		−		＋	−	−	＋
(i) 免許	−					−			
(j) 非公式手続	−		＋			＋	−	−	
(k) 能力開発	−	−						−	
(l) 誘導	−	−	＋					−	
(m) 罰金	＋	＋	−						
(n) 広報	−	−					＋		＋

＋：手段が各特徴を強くもつことを示す。
−：手段が各特徴と逆の性格をもつことを示す。

出典：Tomas A. Birkland, *An Introduction to the Policy Process*, 2nd ed., M.E.Sharpe, 2005, p.177.
この図式は次の文献のものを発展させて作成されている。
Charles H. Levine et als., *Public Administration*, Scott, Foresman and Company, 1990, p.77.

③低廉性《ていれん》—手段適用に要する費用の低さ。

④能率性—所定の投入に対する産出の大きさ。

⑤効果—手段が目的を実現する程度。

⑥柔軟性—状況に応じて手段を調整できる程度。

⑦認知度—手段が知られる程度。

⑧実施責任—実施者が実施結果に責任を負える程度。

⑨選択性—市民が選択できる程度。

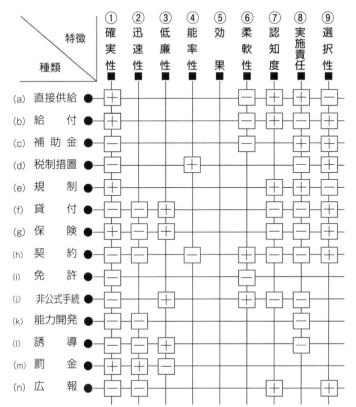

次に、事例とともに手段を説明する。

(a) 直接供給—国道などの財の供給や国立病院での治療などのサービス供給。

(b) 給付—年金などの金銭給付。

(c) 補助金—大学等の優れた教育プロジェクトなどへの財政支援。

(d) 税制措置—エコカー購入等による減税、古い車の保有等に対する重課税。

(e) 規制—未成年者飲酒禁止などの禁止や制限。

(f) 貸付—中小企業支援などのための政府系金融機関による融資。

(g) 保険—民間保険では救済不可能な危険に対する貿易保険など。

(h) 契約—施設運営委託や物品調達などに関する民間との契約。

(i) 免許—自動車運転免許や酒類販売免許など。

(j) 非公式手続—法的拘束力をもたず相手側の協力を前提とする行政指導など。

(k) 能力開発—労働者に対する教育訓練給付や事業者への専門家派遣など。

(l) 誘導—環境に配慮する企業に対する政府系金融機関の金利優遇など見返りが伴う誘導。

(m) 罰金—ポイ捨てに対する罰金など。

(n) 広報—省エネキャンペーンや防災週間の実施など。

▶行政手段と政策

行政手段は、目的を実現するものとして選択され、目的に対する手段の関係を示した政策というプログラムに組み込まれる。ふつう、政策のもとで選択される手段は1つではない。したがって、政策立案者には、手段間の相互作用も考慮に入れて手段を選択することが求められる。たとえば、スピード違反の取締を強化すると広報して取締強化を行えば、多くのドライバーがスピードに注意し、強化したにもかかわらず、取締対象の数が減る可能性がある。

ついで、同一手段でも政策を実施する場によって効果が異なる結果になることが考えられる。これは、特に、外国や他の地域で用いられた手段を取り入れるときに留意すべき点である。少子化対策の政策の議論で、ヨーロッパ諸国がモデルとされることが多いが、ヨーロッパ諸国で用いられている手段を適用する場合には、当然、日本人の働き方や家庭内分業のあり方から考える必要が出てくる。

最後に、政策実施段階における担当者と手段の関係に言及しておきたい。技術的には目的実現に貢献すると考えられる手段でも、手段を用いる担当者に問題があれば期待される効果は得られない。目的への理解と協力の姿勢、正しく手段を適用できる能力と倫理観が担当者には求められる。政策立案者としては、こういった理解、協力、能力、倫理観を引き出す動機づけや訓練、あるいは懈怠《けたい》や不正を抑制する制裁措置を工夫しなければならない。

4　行政活動の評価

▶政策評価の基準

目的を実現するものとして選択された行政手段は、適用後、実際には目的の実現にどれくらい貢献したのか評価される必要がある。先に述べたとおり、1つの行政手段は他のものとともに政策に組み込まれるのだから、その事後的な評価は政策評価という形をとる。

政策評価は、**図表17-2**に示されているような目的実現までの過程に注目すると、「経済性」(Economy)、「効率性」(Efficiency)、「有効性」(Effectiveness)の基準に照らして行われることになる。**図表17-2**で目的の実現度は「効果」(アウトカム)として表されている。

［図表17 - 2］政策評価の基準

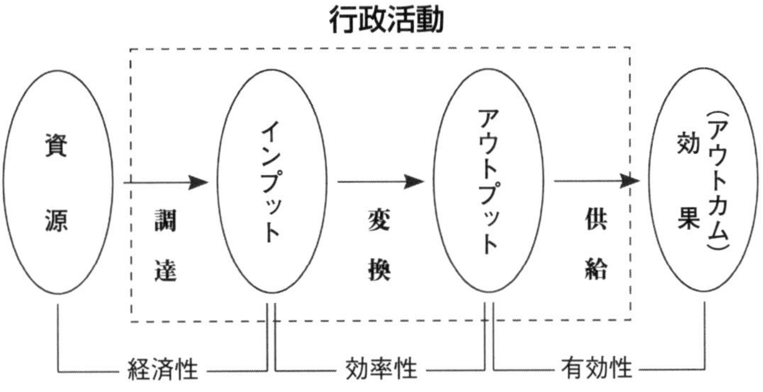

出典：宮川公男『政策科学入門〔第2版〕』、東洋経済新報社、2002年、282頁。

事後評価ではまず、この効果を生み出すのに「どれくらいのことをしたのか」検討する。その「したこと」を意味するアウトプットがどれくらい供給されて効果が生み出されたのか測る基準が有効性である。

ついで、必要とされたアウトプットを生み出すのに「どれくらいの人や物を使ったのか」チェックする。アウトプットに変換した人や物はインプットと呼ばれ、事後においてはアウトプットは一定なので、投じたインプットが少ない方が効率性はよかったと判断できる。

最後に、インプットした人や物を調達するのにいくらかかったのかが問題になる。もちろん、同一のものをより安く買い求めていれば、それだけ経済性はよかったことになる。

▶政策評価における行政手段の評価

政策を実施する主体を行政とすると、**図表17-2**の調達・変換・供給は行政の活動であり、行政活動の働きかけの対象になる行政の外の人や組織の行動は効果と捉えられる。その効果を生み出すアウトプットが行政手段に当たる。そうすると、政策評価における有効性評価は、適用した行政手段がどれくらい人や組織の行動を変えたのかという評価を意味し、効率性評価は行政手段の準備の仕方に対する評価を指すことになる。そして、行政手段に必要な人や物のコストに対する評価が経済性評価になる。

地球温暖化対策の政策を例にして考えてみる。地球温暖化の原因は二酸化炭素等の温室効果ガスの増加にあり、そうしたガスの排出の抑制が対策には必要とされる。温室効果ガス排出抑制のためにとりうる行政手段としては、自動車の所有や使用を制限する規制、炭素税導入などの税制措置、冷暖房の調節を求める広報などが挙げられる。

このうち税制措置を評価する場合、炭素税徴収の方法を考案し実施する過程が効率性の基準で評価され、考案と実施に必要な人や物を確保する過程が経済性の基準で評価される。具体的には、たとえば、あまりに多くの人員を必要とした徴収は効率性が悪く、税額計算に必要なコンピュータプログラムの開発が安価にできれば経済性はよいという判断になる。

残る有効性は、炭素税の導入によってどの程度、企業などが炭素の排出を抑制したかを問う。効率性と経済性は、炭素税導入を行政手段として採用したあとに行政の工夫で改善できるが、有効性についてはそれができない。なぜなら、納税額を下げるために炭素排出を抑えると判断するのは行政でなく企業などだからである。制裁を上回る利潤がもたらされると判断すれば規制を無視する企業も出てくるだろうから、行政手段が規制であっても同様のことがいえる。

税率などの内容も含めた意味での税制措置が企業などの行動を変えるという因果関係は、その税制措置という行政手段を採用した時点で実現するものと考えられている。つまり、行政にとって、有効性評価は行政手段を適用する上での工夫の良し悪しを問うものではなく、行政手段の選択が適切だったかどうか、さらに細かくいえば手段に関する因果関係理論が妥当だったかどうか確かめるものである。この評価を行政に対する評価とするかどうかは、政策決定の権限を本来もつ政治との関係で、行政手段の選択について行政自らがどれだけ影響力を及ぼしたかによる。

▶政策評価法に基づく評価

日本では2002年に、「行政機関が行う政策の評価に関する法律」（政策評価法）が施行され、国の行政機関は統一的な枠組みに基づき政策評価を行っている。府省庁などの各機関が所掌する政策について自ら評価を実施しているので、基本は内部評価である。

［図表17 - 3］評価対象の区分と評価の方式

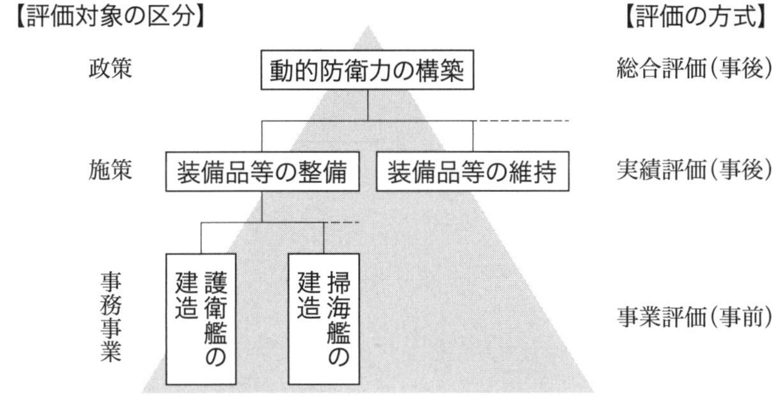

（筆者作成）

評価の枠組みでは、**図表17-3**のとおり、目的と手段との連鎖として、上位から政策・施策・事務事業の区分で、評価対象を位置づけることが求められている。たとえば、2012年、防衛省の「護衛艦の建造」という事業は、「動的防衛力の構築」という政策を実現する「装備品等の整備」という施策の手段として評価された。

評価対象の区分には、大まかに対応が示された評価方式が用意されている。先の「護衛艦の建造」は、事前の事業評価の対象とされた。評価結果は、必要性、効率性、有効性の３つの基準から説明されている。

これを、**図表17-2**と対応させれば、護衛艦の建造はインプットであり、アウトプットは護衛艦の運用となる。**図表17-2**にない必要性の基準の意味が多少曖昧《あいまい》であるが、事業の選択に物的・時期的により優れた代替案がないかどうか検討する基準ともとれ、そう理解すれば、有効性に含めてよいだろう。

［中沼丈晃］

第18章

市民による行政統制

1　市民による行政統制の方法

▶ 市民個人による行政統制の意義

日本が統治機構としている議院内閣制では、国民の意思に基づく行政活動を確保する統制は、国民の代表者たる議員で構成される議会に対して内閣が責任を負い、内閣の方針に従って大臣が行政機関を管理する形で行われる。これは、行政活動全般に関する国民全体と行政全体との民主的な関係を基礎づける基本統制である。選挙・議会・執政部を経由するという意味で、ここではその基本統制を「間接民主主義統制」と呼ぶことにする。

間接民主主義統制は全体の基礎となる。しかし、実際の行政活動は、個別の政策や事業、事務に分解され、個々の市民を対象にして行われる。そうした行政活動の単位についても間接民主主義統制によるとすれば、意見をもつ市民個人は議員そして内閣、大臣を通じて活動を問うことになるが、大規模な民主主義社会においては、それでは発言力の弱い市民個人の声が行政の担当部署に届く可能性はまずない。そこで、間接民主主義統制は維持しつつ、市民個人が行政を統制する方法を模索する必要が出てくる。

▶ 市民個人による行政統制の方法

市民個人による行政統制を考える場合、間接民主主義統制で確保される国民全体の意思との対立が問題になる。平易にいえば、個人の「わがまま」による統制が国民全体に不利益を与えないかどうか考慮する必要がある。

まず、法によって保護されているはずの個人の権利や利益が行政機関に侵害されたのならば、個人は、「行政訴訟」や「行政不服申立」といった統制方法を用いて行政活動の予防あるいは除去を図れる。法は国民全体の意思の体現といえるので、この行政統制は国民全体の利益と合致するといえよう。それゆえに、主張が法的に正当ならば、訴訟や不服申立は確実に行政活動を変える統制方法になる。

行政活動を確実に変えるからこそ、訴訟や不服申立は、不当な行政活動による権利や利益の明確な侵害に対象を限定する。正当な行政活動のあり方を決める立法過程での統制方法にはなりえない。間接民主主義の理念上は、立法過程は国民の代表者である議会が担うものである。しかし、行政国家化が進行した今日、法案作成と委任立法という形で行政が事実上、独自の意思をもって立法過程を支配しており、この段階であらためて市民個人が自分の意見を主張できる統制方法が求められる。

間接民主主義の理念に留まっていた従来より、法的根拠をもたない事実上の統制方法としては、行政機関への陳情やマスコミへの訴えかけなどを個人が利用できる可能性はあった。近年では、ツイッターなどのSNSでの指摘や主張が行政の対応を引き出す結果になるケースも見られる。

[図表18 - 1] 市民個人による行政統制の方法

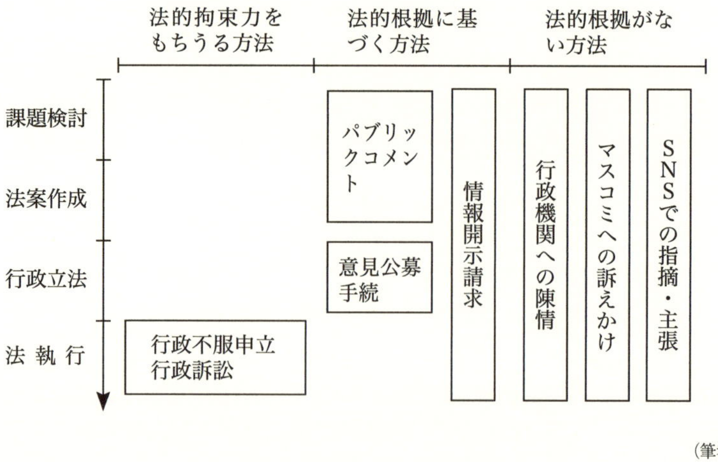

（筆者作成）

もっとも、法的根拠がなければ、行政から見て統制は、少なくとも積極的には応ずる必要のない圧力に近いものになる。逆に、市民個人による法的根拠をもった行政統制の方法が登場してきたのは、行政が直接に市民個人の意見を聴く必要が認められた証といえよう。

そうした方法としては、日本の国レベルでは、行政機関が意見を公募する「パブリックコメント」や、意見の形成に必要な行政情報の開示を義務づける「情報公開」、行政活動に対する苦情や要望の処理を求める「行政相談」が挙げられる。本章では、これら３つの行政統制の方法について説明する。以上示した市民個人による行政統制の方法を、統制が及ぶ政策過程の段階と統制の法的根拠の程度によって整理したのが、**図表18-1**である。

2　パブリックコメント

▶ パブリックコメント導入の経緯

現在、わが国の行政で「パブリックコメント」と呼ばれている意見募集には次の２つがある。行政手続法によって、各省庁に義務づけられている「意見公募手続等」と、それ以外に省庁が任意で行っているものに分けられる。

パブリックコメントという名称で意見募集がなされるようになったきっかけは、1999年の閣議決定「規制の設定又は改廃に係る意見提出手続」にある。さらに、この閣議決定は、1998年の「規制緩和推進三か年計画」で検討が求められていたものであり、国民の権利・義務に直結する規制改革の文脈で登場したとわかる。

その後、上記の閣議決定が全省庁で運用され、2004年の「規制改革・民間開放推進３か年計画」でパブリックコメントの法制化の検討が求められる。そして、2005年成立の改正行政手続法によって意見公募手続等が導入されるに至った。

▶ 意見公募手続の制度

行政手続法によって意見公募手続が原則として省庁に義務づけられるのは、法律に基づく命令、審査基準、処分基準、行政指導指針を指す命令等を定める場合である。

[図表18 - 2] 意見公募手続き

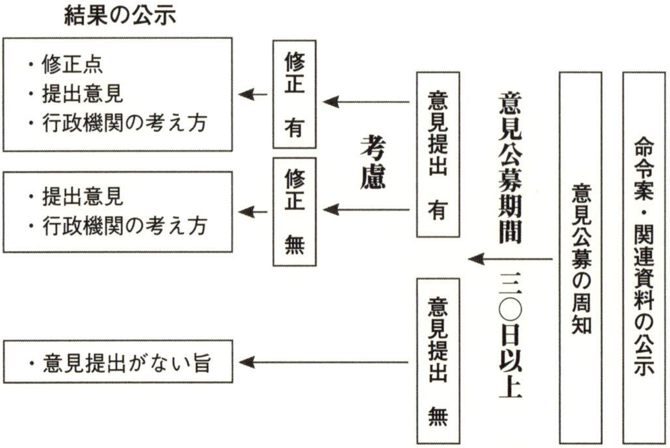

（筆者作成）

意見公募のために公示する原案には、①具体的かつ明確な内容、②命令等の題名、③根拠法令条項、が明示されている必要があり、かなり完成に近い形で意見が募られる。

意見公募手続きの過程は、**図表18-2**のとおりである。まず、原案に対して広く一般から意見を集めるために、省庁には意見公募の周知に対する努力が義務づけられている。そして、原則として、意見提出期間を30日以上に設定しなければならない。現在、われわれは、インターネット上のポータルサイト「電子政府の総合窓口」で、行政手続法に基づかない任意のパブリックコメントも含め、全省庁の意見募集案件を一覧で見て、電子メール、送付、ファックスで意見を提出できるようになっている。

もちろん、制度の意義を保つため、提出された意見に対する十分な考慮が省庁の義務とされている。そして、提出意見、原案からの変更点、提出意見に対する省庁の考え方を示すことも、行政手続法上に定められた省庁の義務である。ただし、提出意見すべてを列挙し個々に省庁の考え方を示す必要はない。なお、やはり現在、その結果の公示も、上記のポータルサイトに掲載されている。

▶ 意見公募手続と審議会等との関係

省庁が国民の意見を聴く機会としては、従来より、利益団体の代表者や専門家を委員とする審議会等がある。審議会等がパブリックコメントと異なるのは、誰でも意見を述べられるパブリックコメントに対して、審議会等では、省庁が国民一般や専門家の意見を代弁すると考え任命した委員しか意見を表明できない点である。ただし、これは必ずしも審議会等の欠点とはいえない。対立する利害を調整するには、不特定多数の意見によるより、代表者間の話し合いの方が結論を出すのに効果的とも考えられる。

事実、労使関係の問題に関しては、労使双方の代表者と公益の代表者からなる審議会等の意見を聴いて命令を定めるとしている法律の規定が多い。そうした審議会等で成立した合意に基づき作成した命令等の案について、あらためてパブリックコメントを行うことは、審議会等の意見の正当性を問い直すことを意味しかねない。そこで、対立する利害関係者と公益の代表者を委員とする委員会や審議会等の議を経て定めると法律で規定された命令等については、意見公募手続を実施する義務が、省庁に課せられないケースがある。

加えて、右のケースに相当しなくても、命令等を定めるのに省庁が審議会等に諮問を行い、その審議会等がパブリックコメントを行うケースでも、それが意見公募手続に準じた手続とみなされ、省庁はあらためて意見公募手続を実施する必要はない。

3　情報公開

▶行政機関情報公開法制定までの経緯

日本で国民に行政情報への開示請求権を認めている法律は、1999年に制定された「行政機関の保有する情報の公開に関する法律」（行政機関情報公開法）である。行政機関情報公開法が制定されることになったきっかけは、自民党の長期政権に代わって1993年に成立した細川護熙《もりひろ》内閣（～1994年）にある。

当時、行政改革のあり方を政府に答申した第三次臨時行政改革推進審議会（第三次行革審）は、国の主要な課題として規制緩和を集中的に取り上げていた。細川内閣は、その規制緩和とともに情報公開法制を検討対象として、第三次行革審が求めた行政改革の監視機関に相当する行政改革委員会を設置している。その後、村山富市《とみいち》内閣（1994～96年）で行政改革委員会の設置が実現すると、そのもとに行政情報公開部会が置かれ、情報公開法要綱案の作成が進められた。

この情報公開法要綱案を含む「情報公開法制の確立に関する意見」が、1996年に行政改革委員会から当時の橋本龍太郎首相に提出されると、政府は法案作成の準備にかかり、1998年に行政機関情報公開法が国会に提出された。そして、衆参両院での修正を経て1999年に成立に至っている。日本では、1982年に山形県金山町《かねやままち》と神奈川県が情報公開条例を制定して以来、地方自治体での法制化は進んでいたので、国レベルでの行政機関情報公開法の制定はその流れを追う形になった。

なお、2001年に施行された行政機関情報公開法では、施行後4年を目途にした見直しが附則で求められている。その見直しを見据えて2004年に総務副大臣主催の「情報公開法の制度運営に関する検討会」が設けられ、2005年に問題と改善措置が報告された。

▶行政文書の開示請求

行政機関情報公開法が定める行政情報の開示請求から、その処理までの流れは、**図表18-3**に図示してある。まず行政機関に対する開示請求は、国籍にかかわらず誰でもできる。法人でも構わない。対象となる機関は、国会と裁判所を含まない行政機関であり、内閣からの独立性が高い会計検査院と人事院も含まれる。

[図表18 - 3] 情報開示請求

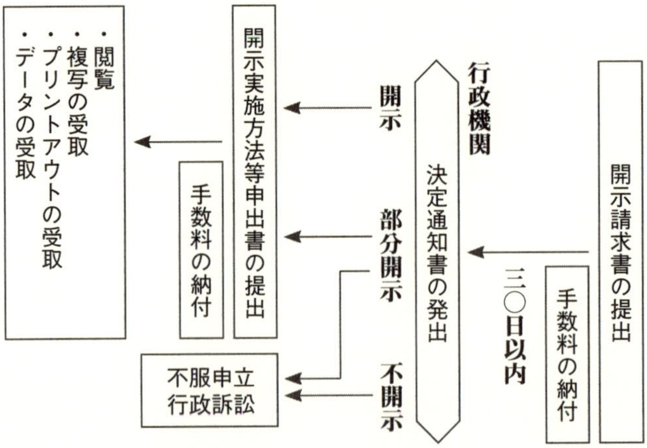

(筆者作成)

法律上はその各機関の長に対して開示請求を行うことになっているが、実際には、各機関に情報公開窓口になる部署が設けられており、開示請求は、窓口への訪問あるいは送付、さらにインターネットを利用した電子申請によって行うことになる。なお、独立行政法人や特殊法人などに関しては、2001年に「独立行政法人等の保有する情報の公開に関する法律」が制定されている。

法律論では、こうした開示請求の権利を「知る権利」に基づかせるかどうかが問題になる。行政機関情報公開法では、憲法上の解釈が確立していないとの判断から「知る権利」の明記は見送られ、法案審議の過程で可否が議論になった。ただし、先述の検討会は、行政機関情報公開法に関する判決や不服審査において「知る権利」の明記の有無は必ずしも影響を与えていないと報告している。

いずれにしても、開示請求権は明確に認められており、われわれは、行政が保有する情報、より正確にいえば、既存の文書、図画、電磁的記録（電子ファイルやテープなど）を意味する行政文書の開示を請求できる。その場合、請求者は、個人なら氏名・住所と、行政文書を特定できる事項を記載した申請書を提出する必要がある。

ところが、特定できる事項といっても、行政外の一般の請求者は、行政機関が具体的にどのような情報を保有しているのか知らないのが普通である。そこで、請求者が行政文書を特定しやすくなるような情報を提供することが行政機関の長に求められている。現在では、パブリックコメントでも触れた「電子政府の総合窓口」で、行政文書ファイル管理簿が機関横断的に用語などの入力で検索できるようになっている。

▶ 開示請求の処理

開示請求を受けた行政機関の長は、原則として請求のあった行政文書を開示する義務を負う。もちろん、開示が望ましくない影響を及ぼす情報もあるので、義務を外す、つまり不開示が認められる不開示情報の種類が、行政機関情報公開法には列挙されている。ただし、1つの文書に不開示情報とそうでない情報が混じっていることもある。そうした場合には、不開示情報を容易に区分できるのならば、行政機関の長はそれ以外の情報を部分開示しなければならない。

開示によって利益が害されるおそれがあるなどの理由によって不開示が認められている主な情報は次の６つである。

①個人に関する情報
②開示によって競争上の利益などが害される企業等に関する情報
③安全保障や、外交上で開示が不利益につながる情報
④公安や司法に関する情報
⑤開示によって率直な意見交換や、決定の中立性が失われる行政の意思形成過程上の情報
⑥行政による検査・契約・調査研究・人事管理・公営企業などに関する情報

以上をまとめれば、行政機関の長は、開示請求に対して開示、部分開示、不開示のいずれかの決定を行うといえる。開示請求からその決定までの期間が無期限だと開示請求権を無意味にするので、原則として30日以内とされている。加えて、不開示決定の場合には理由の提示が求められる。

ただし、行政文書の存否の情報自体が不開示情報に当たるケースも考えられる。たとえば、特定の個人に対する捜査の資料の存否を回答すれば、その個人が証拠を隠滅してしまうおそれが大きい。こうしたケースでは、行政文書の存否を明らかにしないで不開示とすることができる。

4　行政相談

▶行政相談の歴史と位置づけ

国の行政について国民から苦情を受け付ける行政相談は、現在の総務省の前身である総務庁のまた前身、行政管理庁で1955年に始まった。行政管理庁には、各省庁の業務を調査し改善を勧告する行政監察局が置かれており、その地方支分部局に行政苦情受付窓口を設けたのが行政相談の始まりである。この時点では、行政相談は、設置法に根拠を有しない事実上の業務であったが、相談実績に基づいて1960年には設置法上の所掌事務になっている。

このように、行政相談は行政監察と関連して発足し発展してきた制度である。行政監察では、国の行政全般を対象にして、その実態や問題点を調査し、改善方策を各省庁に勧告する。勧告には法的拘束力は伴わないが、

勧告を受けた省庁には、勧告に基づき講じた措置について報告する義務が課せられる。

なお、省庁再編時に全省庁を対象にした新しい政策評価制度が導入されたのを機に、従来の行政監察は「行政評価・監視」と改称されることになった。現在、行政評価・監視は、政策評価との関係で、政策の必要性を前提にして合規性・合目的性・効率性・経済性の観点から各省庁の業務の実施状況を評価するものと説明され、総務省行政評価局の所管になっている。その行政評価局に行政相談課が置かれていることでわかるように、行政相談は行政評価との連携において機能している。

▶行政相談の受付

行政相談で受け付ける苦情などは国の行政全般にかかわるものである。具体的には、各省庁や独立行政法人、特殊法人の業務、国から資本金と補助金を受けている認可法人の業務、地方公共団体の法定受託事務と国の補助金を受ける事業が対象とされている。このように範囲を厳格に限定しないために、ある問題を所管する行政機関がわからなくても相談ができるメリットがあるとされる。ただし、実際には、本来は行政相談事案に含まれない地方公共団体の自治事務や、さらに民事事案も相談にかなり含まれる結果になっている。

国の行政全般を対象とするということは、相談をしたいと思う人も広範に存在することを意味し、そうした人々に対応するために、相談窓口は各市区町村単位まで展開され、各種の媒体を活用して設置されている。常設の窓口は、大きく地方支分部局の窓口と行政相談委員に分けられる。地方支分部局としては、管区行政評価局とその下の行政評価事務所または行政監視行政相談センターの窓口、都市部のデパートなどに置かれた総合行政相談所がある。

他方の行政相談委員は、1966年に制定された行政相談委員法に基づいて総務大臣が行政相談業務を無報酬で委嘱する個人であり、現在、市区町村に最低１人の割合で全国に約5,000人が存在する。

このうち、管区行政評価局と行政評価事務所では各種の媒体を利用した相談が受け付けられている。具体的には、「行政苦情110番」という電話（ナビダイヤルによって最寄り窓口に振り分けられる）、郵便局に備え付けられた「お手紙でどうぞ 行政困りごと相談」の封筒による手紙があり、そして、もちろんファックス、メールも利用可能である。

▶行政相談の処理

行政相談事案は、救済や改善の措置が必要になる「苦情要望事案」と、照会・説明・関係機関の教示をすべき「行政案内事案」に分けられる。前者の苦情要望事案は、本局や地方支分部局が必要な措置を関係機関に斡旋《あっせん》することで処理される。

さらに、そうした通常の斡旋による解決では不十分と考えられる事案については、行政評価・監視への移行、または、行政苦情救済推進会議による斡旋が行われる。

前に説明したとおり、行政評価・監視では、調査の結果、改善策が関係機関に勧告され、改善措置の報告が求められる。行政評価・監視に移行する事案は、制度や運営の基本にかかわるものや、同類の苦情が発生する可能性が大きいものである。特に、道路の維持管理に関する苦情要望は非常に多く、その点を考慮して、管区行政評価局で行政評価・監視が行われている。

ついで、行政苦情救済推進会議は、本局または管区行政評価局・行政評価事務所単位で民間の有識者が苦情要望の検討を行う会議である。本局あるいは地方支分部局は、その意見を踏まえて改善措置の斡旋を関係機関に対して行う。

会議での検討の対象になるのは制度改正などが必要になる事案であり、特に、①状況の変化に応じた見直しが必要な事案、②行政側の都合が原因で改善ができていない事案、③関係機関や諸制度などの間の連携や調整が図られていない事案、が選定の上検討されている。

たとえば、定時制や通信制の生徒・学生に対する国民年金の学生納付特例制度の適用拡大は、行政苦情救済推進会議の意見を踏まえた斡旋によって実施された。

［中沼丈晃］

第19章

行政と民間の役割分担

1 「小さな政府」の追求

▶「大きな政府」と「小さな政府」

今日、従来の行政のあり方を「大きな政府」として批判し、「小さな政府」をスローガンにして行政の減量を求める勢力が大きな力を得ている。批判の言葉として「大きな政府」を用いているのだから、その意味は大きすぎるということだが、何か絶対的な基準に照らしてそう判断しているわけではない。

そして、「小さな政府」というと、防衛と治安維持に仕事を限定する夜警国家をイメージするが、スローガンとしての「小さな政府」には、福祉国家成立以前のいずれかの時代の行政へ回帰する意図は含まれない（⇒第2章「2 国家の役割の拡大」）。現在の行政の規模から相対的に小さくする意図しかない。

行政の役割を相対的に小さくするのは、その機能を社会的に不要と考えるからではない。行政ではなく民間で確保できると考えるからである。ここで民間とは、まずは市場を指す。利潤を求めて互いに競争する企業と、より安価により質の高い物やサービスを得ようとする消費者との間で、公権力の介入なしに自律的に、さらには公権力の介入がある場合よりも、よりよく機能を確保できると判断される。たとえば、国が直営しなくとも全国で郵便サービスが提供される、あるいは、医薬品販売に対する規制を国が緩和しても、安全を維持しつつ、より安く便利に薬を買えるようになるという主張がなされる。

▶「小さな政府」の理論

「小さな政府」の追求は、行政から市場への機能の移行を求める動きなので、市場の作用への信頼が思想の根底にある。市場を基本とし政府の役割を限定するこのような思想は、19世紀の国家像を生み出した自由主義の復活であり、その意味で、政府の役割を拡大させた福祉国家化後に「小さな政府」を求める勢力は「新自由主義（ネオリベラリズム）」と呼ばれる。

自由主義と新自由主義は、国民生活の中心に市場を置くことでわかるように、ともに市場を積極的に捉える経済学の理論を支柱としている。19世紀の自由主義にとっては、市場の作用を「見えざる手」と表現したアダム・スミスに代表される古典派経済学が支えであり、20世紀後半に現れた新自由主義にとっては、数理的に精緻《せいち》化された新古典派経済学、特にその理論の前提に立って、政府の市場介入を求めたケインズ経済学を批判する経済学が支えになっている。

新自由主義を支えた反ケインズの代表的な経済学としては、ミルトン・フリードマンらによる「マネタリズム」が挙げられる。マネタリズムの提言は、市場に出回っている通貨の総量を指すマネーサプライを、固定的なルールに基づいて管理することである。なぜならば、ケインズ経済学が求めるように不況時に財政支出を拡大し、増税を避けて国債を増発すれば、中央銀行の引き受けによってマネーサプライが実物経済の成長を上回る率で増大し、果てはインフレーションに陥ると考えるからである。インフレーションを抑えるためにこの考え方を逆にたどれば、政府は財政を緊縮させるべきという結論になり、「小さな政府」の追求に結びつく。

▶「小さな政府」と行政手段の改革

「小さな政府」の追求によって行政の役割を民間に移すというとき、それは、民間に対する行政関与の程度の縮小を意味するので、**第17章**で説明した行政分野と行政手段のうち、後者を改革することになる。

第17章では、14の行政手段を挙げてあるが、「小さな政府」を追求するための改革の方向は、それらの手段を適用して果たしてきた役割を民間にゆだねるか、手段の適用を控えて民間の活動を自由にするかの２つにまとめられる。

前者の改革は「民営化」や「民間委託」と呼ばれる。直接供給を行政がやめて、市場での供給にゆだねる例を考えればよい。他方、後者の改革は

「規制緩和」と呼ばれ、規制・免許・罰金の廃止に当たる。

市場の機能を重視するこうした民営化や規制緩和などの改革は、特に1980～90年代のイギリス・オーストラリア・ニュージーランドにおいて、行政が使い続ける手段についても、市場競争のもとにある企業経営の手法を採り入れる改革とセットで推進されてきた。たとえば、手続きよりもコストや達成度の観点を重視して官庁と公務員の仕事を評価する改革や、行政サービスに市民の要望をよりよく反映させるための改革、状況に応じて柔軟に職務を行うために現場に権限を分散する改革などがそれに当たる。

これらの企業経営手法を採り入れる改革は、ときに「小さな政府」のための改革と合わせて、NPM（ニュー・パブリック・マネジメント／⇒24章「2 自治体と行政改革」）と呼ばれている。

2　日本の行政改革と「小さな政府」

▶第二次臨調と民営化

小泉純一郎内閣(2001～06年)は、内閣の目標とした構造改革に行政改革を位置づけ、「民間にできることは民間にゆだねる」「官から民へ」を行政改革のスローガンにしてきた。これは新自由主義的な改革の取り組みにほかならず、小泉首相自身がたびたび口にもしたとおり「小さな政府」が追求された。

ただし、日本での「小さな政府」の追求は、小泉内閣にはじまったわけではなく、今日から考えると、その流れは、1981年に発足した「第二次臨時行政調査会」(第二次臨調《りんちょう》）の活動が与えたインパクトに端を発しているといえる。第二次臨調とは、当時の総理府に期限つきで置かれた審議会であり、会長には、財界をまとめる経済団体連合会(経団連：現在の日本経済団体連合会［日本経団連］)の会長を務めた土光《どこう》敏夫が任命された。

強力な経営再建で知られる財界の大物が会長に就任した第二次臨調は、当初より、高度経済成長終焉《しゅうえん》後に構造化した財政悪化を最も問題視し、「増税なき財政再建」をスローガンにした。税収を増やさずに財政を再建するのだから、歳出の節減が基本方針であり、節減につながる改革が行政改革であるという形になった。第二次臨調の答申の言葉を用いれば、それは行政の簡素化・効率化であり、行政の仕事を見直すその前提には、民間活力を基本とし、自らの役割は方向づけ・調整・補完に重点を置くという行政の転換がある。

民間との関係において行政の役割の転換を実現する方策としては、国鉄・電信電話公社・専売公社の三公社の民営化、特殊法人の整理合理化、規制緩和といった改革案が答申されている。これらのうち、深刻な赤字と労使対立による職場規律の悪化の問題を抱えていた国鉄の分割・民営化は、財政悪化を背景に行政改革を求めた第二次臨調を象徴する成果になった。

▶政権交代と特殊法人改革

第二次臨調解散後は、答申の実施をフォローし行政改革を推進するため、1983年から1993年まで、臨調と同様の「臨時行政改革推進審議会」（行革審）が３次にわたって設置されている（**図表19-1**）。その間、先述の三公社の民営化は実現し、特殊法人と規制の問題についても検討と改革の実施が進められてきた。ただし、特殊法人整理と規制緩和は、行革審そのものではない出来事が契機になって大きな政治課題になった。

まず、特殊法人とは、公的な事業を担わせるために特別の法律によって特別の設立行為をもって設立される法人と定義され、個々の法人名は公団・事業団・銀行など多種多様である。例を挙げれば、2005年に民営化された日本道路公団は特殊法人であった。この特殊法人は、今日まで、民業圧迫、経営の非効率、無駄な公共事業の担い手、天下りの温床など、さまざまな視点から批判を浴びてきた。

［図表19 - 1］ 行政改革関連の審議会等の変遷（小泉内閣まで）

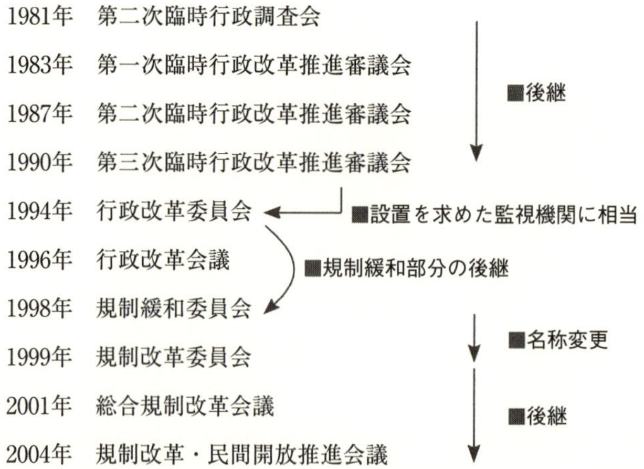

（筆者作成）

そういった批判のもとで特殊法人改革が行政改革の中心課題になったきっかけは、1994年に首相に就任した際に、村山富市《とみいち》（日本社会党）が所信表明で大きく取り上げたことにある。村山内閣は、非自民連立政権から、自民党・社会党・新党さきがけの連立政権への政権交代によって誕生した内閣である。その内閣で特殊法人改革の具体案を検討する過程において、特に政府系金融機関の統合をめぐって、自民党と新党さきがけとの駆け引きに省庁利害が絡み合い、議論が紛糾《ふんきゅう》した。その結果、歳出削減につながる廃止や民営化の改革に至らなかったことにより、マスメディアは単なる「数合わせ」「組み合わせ」と批判した。

しかし、その後の橋本(龍太郎)内閣と小泉(純一郎)内閣で、廃止・民営化が決定された点を考えると、政治課題として力を集中して取り組むべき行政改革の１つとして特殊法人改革が認識された意義は大きい。

▶国際化と規制緩和

規制緩和も、特殊法人改革とほぼ同時期に重要な政治課題になったが、契機は内政ではなくアメリカとの通商関係にある。アメリカは、日本市場の閉鎖性を長く指摘してきたが、1989年からは日米構造協議で、個々の商品の輸入よりも流通制度そのものなどの構造を問題にし、さらに1993年からは日米包括経済協議で、市場開放の結果について数値目標の達成を求めるようになっていた。こうしたいわば市場の国際化の圧力のなかで、経済全般での規制緩和は優先的に推進すべき行政改革課題になった。

日米の両協議の間の時期には、第三次行革審が設置されていた。それゆえ、第三次行革審は規制緩和を答申で主要な課題として取り上げている。その提言が、規制緩和の監視を行う行政改革委員会の設置や、緩和する個別事項を盛り込んだ規制緩和推進計画（1995～97年）に結実した。

▶省庁再編と行政機関の分離

行政に固有の、公権力の行使を核として、行政の組織と民間の組織との関係を同心円で示すと、**図表19-2**のようになる。

これまで出てきた公社や特殊法人は、行政機関の１つ外側の、外郭《がいかく》に位置づけられた組織であり、その民営化は外郭の圧縮を意味する。それに対して、省庁再編とともに創設が決まった日本郵政公社や独立行政法人制度

［図表19‐2］日本における行政機能の減量

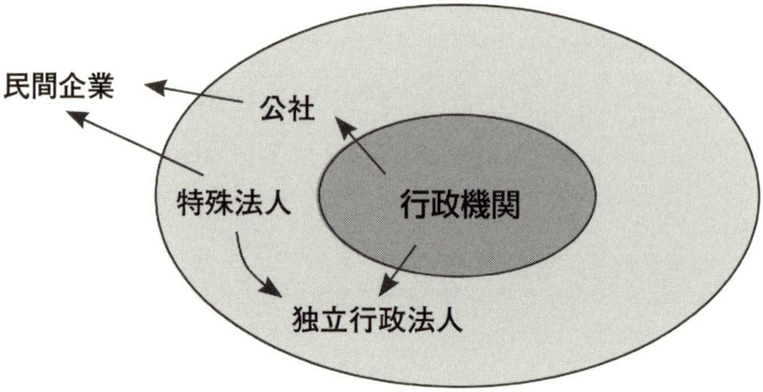

（筆者作成）

は、行政機関のうち、公権力性が弱い外側の部局を外郭に押し出す効果を及ぼした。

たとえば、日本郵政公社は、省庁再編時に２年間、郵政事業庁の所管とされた業務を引き継いで創設された「公社」である。企業会計原則に基づく独立採算制をとっていたが、職員には公務員の身分が付与され、中央省庁等改革基本法にも「民営化等の見直しは行わない」と明記された。

ついで、独立行政法人制度は、政策立案と政策実施を分離できるという前提に立って、後者の業務を独立行政法人にゆだねることで、行政の減量とともに実施業務の効率化を図るために導入された。独立行政法人通則法に従えば、独立行政法人にゆだねられる業務には、民間では実施されないおそれがあり、独占による業務遂行が必要であるという条件がある。従来の特殊法人に比して、企業会計原則などに裏づけられた自主性、業務実績評価の義務づけによる透明性が独立行政法人の特徴とされる。

実際に独立行政法人化の対象となってきた行政機関の実施業務は、それまで博物館や研究所、病院、検査所などの施設等機関が担ってきたものが中心である。ただし、その後、特殊法人から独立行政法人への移行も行われている。なお、施設等機関でも省庁再編時に結論が留保された国立大学については、教育研究の自律性に配慮して、独立行政法人とは別の「国立大学法人」に移行した。

3 日本の構造改革における民営化と規制緩和

▶民営化

構造改革の推進を目標に掲げた小泉内閣では、２つの民営化が広範な議論を呼んだ。１つは高速道路の建設・管理を行う「道路関係四公団」（日本道路公団、首都高速道路公団、阪神高速道路公団、本州四国連絡橋公団）の民営化、もう１つは日本郵政公社の民営化である。

道路関係四公団は特殊法人であるが、他の特殊法人の整理とは切り離されて別個に改革が検討された。他方の日本郵政公社の民営化は、小泉首相によって「構造改革の本丸《ほんまる》」に位置づけられた。

双方の民営化が非常に注目を集めたのは、構造改革推進派と「抵抗勢力」とも呼ばれた自民党のいわゆる「族議員」との対立が象徴的にあらわれたからである。道路族や郵政族など、族議員が民営化に強く反発した理由は、単に民営化によって業務上生ずる問題ではなく、政治による利益配分の既存構造の崩壊に対する危惧《きぐ》にある。

すなわち、国が支える高速道路建設や郵政事業で利益を得ている有権者層がおり、民営化によってその利益配分が脅《おびや》かされれば、族議員は支持基盤を失いかねない。もちろん、族議員も現在の利益配分が国民生活全体にもたらしている利益を主張する。しかし、小泉首相は、現状では利益配分が狭い関係者間で硬直化し、国民全体が享受できる成長につながらないと判断し、民営化を求めた。

ここでは、民営化の成否はさておき、その政治的な意図と結果を強調しておきたい。民営化は、単なる業務効率化を超えた意図のもとで行われ、社会の利益配分の構造を変える影響力をもちうるといえよう。

▶規制緩和

ある商品やサービスを提供するのに許認可を受けることを企業に求める規制を「参入規制」と呼ぶ。参入規制は参入要件を高く設定すれば、それだけすでに業界に参入している既存企業にとっては保護となる。そして、既存企業間の競争を一定に抑える規制を行えば、消費者の需要から生まれる利益は、既存企業間で安定的に配分される。

［図表19 - 3］ 護送船団方式の規制

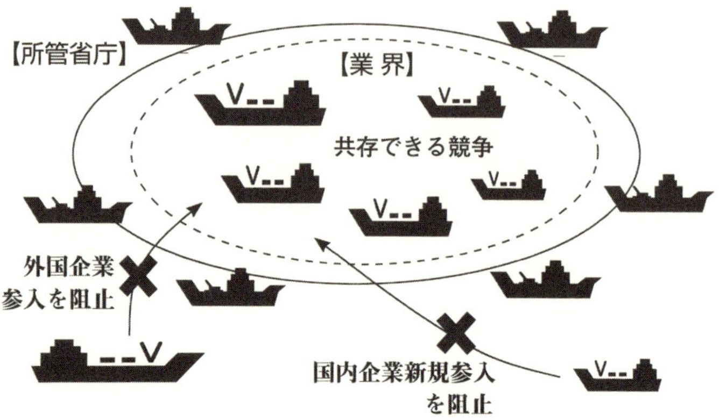

（筆者作成）

戦後長らく日本では、省庁が強力な外国企業や新興の国内企業の業界参入を防ぎ、業界で最も力のない企業がついていける程度に競争を抑える規制方式が定着しており、そうした業界規制方式は、かつての軍隊用語を用いて批判的に「護送船団方式」と呼ばれてきた（図表19- 3）。

護送船団方式による業界の保護は、それによって存在意義を認められる点に省庁がメリットを見出し、自民党の、特に族議員が業界からの選挙支援を前提に、規制に必要な権限や予算を承認するという、業界・省庁・族議員間の利益取引構造の上で成立してきた。近年の規制緩和は参入規制の撤廃《てっぱい》を基本としており、その構造を壊す結果になる。

そうした改革を可能にする大きな背景には、数では圧倒的だがこれまで利益取引構造の外に置かれてきた一般消費者の意識と票の動向があろう。狭いが固い業界の票と、広いが移ろいやすい一般消費者の票を比較して、後者に訴えかける必要が増したといえる。小泉内閣以前からこの背景のもとでの規制緩和は進んでいたが、「自民党をぶっ壊す」と訴えた小泉首相のいう構造改革は、それをわかりやすい構図で示した。

このように規制緩和も社会の利益に関する構造を変える。民営化や規制緩和のような行政と民間の役割分担を見直す行政改革は、行政管理の改革を超えて、政治や社会の構造を見直す改革につながると結論づけられる。

［中沼丈晃］

第20章

地方自治の基礎

1　地方自治の本質と価値 ── 地方自治の必要な理由

▶ 地方自治とは何か

私たちは、生まれてから死ぬまで行政とさまざまに関係をもちながら生活している。しかも、私たちが日常的に関係しているのは、中央政府(中央省庁)ではなく、地方政府（地方自治体）である。「ゆりかごから墓場まで」の言葉どおり、私たちは地方自治体（特に市町村）と密接にかかわっている。そして、地方自治体は地方自治を担う極めて重要な主体なのである。

ところで、地方自治とは、国家という一定の枠組みの中で、地方自治体が独立の団体として自らにかかわる事柄について自らの責任において判断し、決定するとともに、地域住民の意思に基づいて政治、行政を行うことを意味している。つまり、地方自治には、地方自治体が国や他の団体から自立（および自律）して自らの意思で活動できるという「団体自治」と、住民が自らの地域に関係する事柄を自ら決定し、実施する「住民自治」の2つの要素が含まれている。

日本国憲法は第8章（第92条から第95条）で「地方自治」を規定しており、これによって地方自治は制度的に保障されている。憲法第92条は「地方公共団体の組織及び運営に関する事項は、地方自治の本旨《ほんし》に基《もとづ》いて、法律でこれを定める」と規定している。この「地方自治の本旨」は、住民自治と団体自治の2つの要素から構成されていると考えられている。以下、第93 条は「地方公共団体には、法律の定めるところにより、その議事機関として議会を設置する。／地方公共団体の長、その議会の議員及び法律の定めるその他の吏員《りいん》は、その地方公共団体の住民が、直接これを選挙する」、第94 条は「地方公共団体は、その財産を管理し、事務を処理し、及び行政を執行する権能を有し、法律の範囲内で条例を制定することができる」、そして第95条は「一の地方公共団体のみに適用される特別法は、法律の定めるところにより、その地方公共団体の住民の投票においてその過半数の同意を得なければ、国会は、これを制定することができない」とそれぞれ規定している。そして、このような憲法の規定を具体化した法律が、地方自治の「基本法」である地方自治法なのである。

▶地方自治の意義

地方自治の意義は、政治的な面と行政的な面とから考えることができよう。政治的な面では、第1に、中央に集中する権力を分散させ、政治過程を多元化することによって独裁または専制政治の防波堤になりうる、ということである。こうして国民の自由が守られる可能性が高まる。第2に、住民が自ら地方自治体において民主的な手続きによって意思決定を行うことで、民主主義とは何かを学び、政治を経験できる、ということである。地方自治を通じて住民は身近に政治を学ぶことができる。これは、J.ブライスが述べた「地方自治はデモクラシーの学校」という言葉に代表されよう。また、A.トクヴィルも同様のことを述べている。民主主義は重層的に拡大すると考えると、地域が民主的であれば、国家レベルでの民主主義の発展につながると期待できる。

行政的な面では、第1に、住民に身近な政府として、地域に適合したサービスを供給できる、ということである。そもそも地域の問題は、中央政府では理解しにくく、サービス供給の点から見ても、また資源配分の点から見ても、地方自治体が解決した方が効率的であり、合理的である。第2に、地方自治体においては、中央省庁の縦割り行政の弊害を矯正して、地域の実情に即した総合的な行政が可能である、ということである。

その他、地方においては政策の転換ないし新しい政策の立案が促進されやすい、ということもある。全国に影響が及ぶような政治的な実験を国が試みることは多くのリスクを伴うが、地域であれば、そうした試みの影響も限定されることから、リスクは小さく抑えられ、また成功すれば他の地域でも実施する、という地域的実験が可能である。

このように地方自治は現代の民主国家において非常に重要な意義をもっており、それはいくら強調しても強調しすぎることはないように思われる。

2　日本の地方自治の歴史

▶明治維新から第二次世界大戦中までの地方制度

日本に今日の地方制度の素地《そじ》がつくられたのは、19世紀半ばの明治維新以降のことである。徳川幕府が政権を朝廷に返した大政奉還（1867年）、大名が所有していた領土、領民を朝廷に返した版籍奉還（1869年）の後、1871年に全国の藩が廃され、新たに府県が置かれた（廃藩置県）。1878年には郡区町村編成法、府県会規則、地方税規則の「三新法」が制定され、最初の統一的地方制度が定められた。これによって町村は限定的にではあるが若干の自治を認められた。

近代国家建設を急ぐ明治政府は、ヨーロッパ大陸諸国、特にフランスやドイツ（プロシア）をモデルに地方制度をつくった。それゆえに、戦前の地方制度は「ヨーロッパ大陸型」といわれる。

1889年の大日本帝国憲法発布に前後して、地方の統治構造を確立するために重大な制度が公布された。1つが1888年の市制・町村制であり、地方団体としての市および町村の構成・組織・権限などを定めた法律である。1911年に全面改正されたものの、1947年の地方自治法施行まで存続した。もう1つが1890年の府県制・郡制で、府県には内務大臣が任命した官選の知事（そのほとんどが内務省の官僚）が置かれ、国の出先機関としての性格が強い「官治団体」とされた。郡は町村を包括する府県の下の行政単位として置かれた。こうして、内務大臣が強い権限を有する強固な中央集権体制が築かれた。

大正時代になると、1921年に郡制が廃止され、1926年には地方議員に対する普通選挙が実施され、内務大臣が選任していた市長が市会（市議会）による選挙で選出されるようになるなど市町村の自治がいくぶん拡大された。

だが、昭和時代に入って戦争の色合いが濃くなると、中央集権体制が再び強化される。1940年頃には、地方の自治は消滅し、中央政府→府県→

市町村→町内会・隣組というように強固な中央集権国家が築かれていく。1943年以降、市長が内務大臣による選任に戻されるなど国家による統制が強められた。また、同年、皇居がある東京は「帝都」として国が特別に管理するところとなり、東京府は東京市を吸収して東京都になった。

▶第二次世界大戦後から地方分権改革までの地方制度

日本の地方制度が劇的な変化を見せるのは、第二次世界大戦後のことである。第二次世界大戦で敗れた日本は、連合軍に占領され、アメリカから強い影響を受けることになる。GHQ（連合国軍最高司令官総司令部）は、国と地方の大規模な改革、すなわち国地方関係および地方自治体の基本的な制度枠組みを集権体制から分権体制へと変えようとした。戦後の日本の地方自治制度は「英米型（アングロ・サクソン型）」を指向することになる。

戦前の大日本帝国憲法には地方自治の条文はなかったが、1946年制定、翌47年に施行された日本国憲法では第８章に「地方自治」が設けられ、地方自治が憲法によって保障されることになった。また、1947年に憲法と同時に施行された地方自治法では、知事が住民による直接公選となり、都道府県は完全自治体になった。そのほか、市町村長も住民による直接公選（首長公選制）となり、地方自治体には二元代表制が採用されるとともに、条例の制定・改廃請求や解職請求（リコール）など直接請求制度が導入された。さらに、新たに自治体警察、教育委員会委員公選などの民主的な制度が導入された。このときに設置された自治体警察は、市および人口5000人以上の町村（約1600の市町村）に国家の指揮、監督を受けることなく、自己の経費で運営、維持された。

だが、占領政策が終わる1952年を過ぎる頃から、民主的な制度と考えられた自治体警察や教育委員公選などが廃止される。自治体警察は、現在の都道府県公安委員会が管轄する国家地方警察に変わり（1954年）、教育委員はほとんどが首長による任命制になった（1956年）。この時期は、民主化の流れからすれば、「逆コース」を行くことになる。

1950年代の後半から60年代にかけて日本は未曾有《みぞう》の高度経済成長を経験した。産業構造は重工業化し、それとともに工業地帯への資源、労働力が集中した。飛躍的に経済が発展するとともに、急速に都市化が進んだ。国全体のGNPが拡大する一方で、都市部と農村部の経済格差が拡大した。

1960年代から70年代になると、急激な経済発展による社会のひずみが顕在化することとなった。中でも人びとの生命や財産に深刻な影響を与えることとなったのが公害問題であった。特に水俣病《みなまたびょう》やイタイイタイ病に象徴される「公害病」は、経済発展だけを追い求めていた日本の社会に大きな衝撃を与えた。こうした社会問題に対して、市民運動・住民運動が生じた。

また、各地で社会福祉の充実を訴え、社会党や共産党といった革新政党によって支持された首長が登場した（革新自治体）。その後、経済の低成長、地方財政の悪化に伴って、官僚出身者に象徴される「実務型」の首長が求められるようになり、また地方議会の政党（会派）の多くがイデオロギーに関係なく首長を支持する「総与党化」となって革新自治体は終焉《しゅうえん》を迎えることとなる。

1980年代に入ると日本の社会も成熟化の時代を迎える。さらに80 年代後半には、「バブル経済」と呼ばれる好景気を経験する。しかし、1980年代末からの日本経済の「バブル景気」と「バブル崩壊」は、従来の行政のあり方に変更を迫ることになった。それまでの日本の諸制度は「制度疲労」が指摘され、中央集権体制のもとで日本の政治、経済をリードしてきた官僚制も信頼を失うようになる。そうした中で、地方分権改革に対する期待が高まっていくことになる。

▶ 地方分権改革

自民党の長期一党優位政党制が崩壊した1993年、「地方分権の推進に関する国会決議」が国会において全会一致で可決された。その後、1995年５月の地方分権推進法成立、同年７月の地方分権推進委員会設置によって地方分権改革が本格的に議論されることになった。

地方分権推進委員会が出した「中間報告」（1996年３月）には、地方分権改革の理念と方向性が示されている。第１に、国と地方の関係を従来の「上下・主従」の関係から「対等・協力」の関係に改める。第２に、不透明なルールで増え続ける国の地方に対する通達行政や機関委任事務などは廃止し、法令を根拠とする公正・透明なものに改める。また、国と地方の紛争処理については、新たに設置する第三者機関（国地方係争処理委員会）で処理する。第３に、中央官庁の職員から頻繁に出されていた、法令に根拠をもたない通達による国の地方に対する不透明な関与を排除する。同委員会は、その後、5次にわたる「勧告」を出し、分権改革を具体化していく。

特に問題とされた機関委任事務制度は、自治体の首長や各種行政委員会を国の行政機関と位置づけて中央省庁が自らの事務を委任し、指揮監督する制度であった。これはサービス供給の地域格差是正に貢献したが、問題点も少なくなかった。第1に、首長が二重の性格をもたされていたということである。首長は、住民による直接公選で選ばれており、自治体の代表として住民に対して責任がある一方で、機関委任事務に関しては、国の一機関と位置づけられ、事務の執行が義務づけられていた（しかも、1991年の地方自治法改正までは、内閣総理大臣が知事を罷免《ひめん》することができた）。第2に、法令の根拠なしに国が自治体の行動を統制することができた。機関委任事務は地方自治法の別表に記されていたが、スタート当初よりも次第に増やされていった。第3に、自治体が経費の一部を負担していたにもかかわらず、自治体の議会は機関委任事務に関して条例を制定できなかった。このように、機関委任事務の存在は、国と自治体の間に「上下・主従」の関係をつくり、さらにそれを強化するという側面があった。それゆえに、分権推進委員会は機関委任事務の廃止を強力に推し進めていったのである。

地方分権を実現させるために475本の関係法律を一括して改正する地方分権一括法が、1999年7月に国会で承認され、2000年4月1日から施行された。中でも最も重要な変化は、機関委任事務制度を廃止して、自治体の事務を原則として自治事務、法定受託事務に区分したことである。それまでの地方自治法別表には561件の機関委任事務があったが、それを、廃止11件、国の直接執行事務20件、自治事務398件、法定受託事務275件に分けた。

また、この地方分権一括法によって、国が自治体に対して法令により設置を義務づけていた行政機関や施設、特別の資格または職名を有する職などの「必置規制の緩和」、法定外目的税等の創設、地方債発行に対する規制緩和、補助金の整理、明確化などの「財政制度の改革」も行われた。

このように、1995年から始まった地方分権改革では、ある程度、事務権限の移譲など一定の成果があったものの、財政面では多くの課題が残った。また、この地方分権改革の後、国の主導による市町村合併「平成の大合併」が進められることになる。

3　地方自治の制度と構造

▶ 地方自治体の種類

地方自治法は、地方自治体（地方公共団体）を普通地方公共団体と特別地方公共団体とに区分している。普通地方公共団体には、住民に最も身近な存在である市町村（基礎的な地方公共団体＝基礎的自治体）と、複数の市町村を包括している都道府県（広域的な地方公共団体＝広域的自治体）がある。2018年４月１日現在、市町村の数は1718団体（791市、744町、183村）で、都道府県は47（１都１道２府43県）である。

一方、特別地方公共団体には、特別区、地方公共団体の組合、財産区がある。特別区は東京23区だけであるが、今日では市町村とほぼ同じ権能を有している。なお、2011年の地方自治法改正によって、かつて特別地方公共団体の１つとされていた「地方開発事業団」が削除され、新たな設置ができなくなった。ただし、既存のもの（青森県新産業都市建設事業団のみ）は存続が認められている。

▶ 中央政府と地方政府

政府を「意思決定と統治の機構」とするならば、地方自治体はまさに「政府」である。ただし、地方自治体は国家の領域のうちの一部である地域社会の政府であることから、国家全体を管轄区域とする国の法令等によってその活動を規律されている。

中央と地方の関係を分析する際のモデルとして知られているのが、天川晃によって提示された「集権・分権」「分離・融合」の２つの軸を用いた分析枠組みである（天川モデル）。ここで「集権・分権」は、中央政府と地方政府の関係において地方政府の意思決定に関する自律性の程度を示すものであり、「分離・融合」は、中央政府と地方政府の事務に関して共有の程度を示すものである（図表20-1参照）。

天川モデルでは、分権・分離に英米型の地方自治を、集権・融合に大陸型の地方自治を分類している。また、日本については分権・融合に分類している。ただし、一般的には、日本を集権・融合に分類する見解も少なくない（特に分権改革以前）。

［図表20－1］天川モデルのイメージ

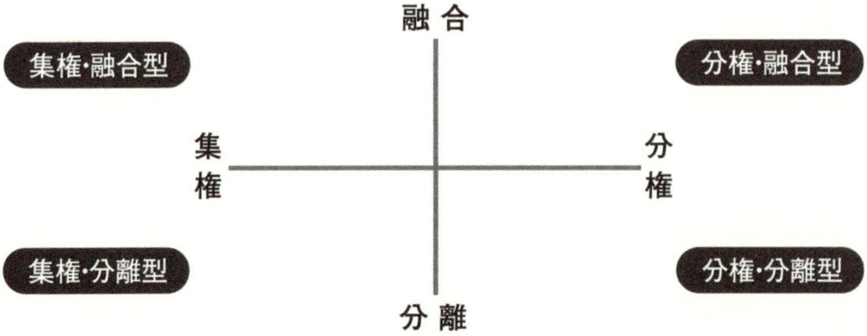

出典：［天川晃「変革の構想」大森彌・佐藤誠三郎編『日本の地方政府』東京大学出版会，1986年］等を基に作成

一方、こうした中央集権的な仕組みを強調する垂直的行政統制モデルに対して、地方の政治に注目した水平的政治競争モデルがある。地方は、自らの政治の力と執行権をもとにして中央と交渉すれば、影響力を行使できるとして、村松岐夫は、日本の中央・地方が「相互依存関係」にあると述べている。

▶二元代表制

日本の地方自治体の特徴は、自治体の「立法機関」である議会の構成員（議員）と、執行機関のリーダーである首長（市町村長、都道府県知事など）を住民が直接公選するという点である。つまり、議員も首長も住民代表という「二元代表制（首長公選制）」が採用されており、そこでは議会と首長は互いに抑制と均衡（チェック・アンド・バランス）を図ることが期待されている。そのために、議会には首長の不信任決議権があり、それに対して首長には、不信任決議がなされた場合の議会解散権がある。

［岡本三彦］

第21章

地方政府としての自治体

1　自治体の議事機関

▶議会

憲法で議事機関とされている自治体の議会は、地方自治法第89条によって原則として地方自治体に置かれることになっている。現在、すべての都道府県、市町村（および特別区）には議会が設置されている。ただし、地方自治法は、町村については条例で議会を設置せずに、選挙権を有する者の総会（町村総会）を設けることが可能としている（第94条。以下、［　］内の条項は、特にことわりのない限り、地方自治法を示している）。かつては町村総会が置かれていた自治体も離島などにわずかながら存在していた（たとえば、東京都八丈支庁宇津木村《うつきむら》）が、現在では1つもない。

▶議員定数

自治体の有権者によって選出される議員は、住民代表として住民の意見を自治体に反映させることが期待されている。議員の定数は、地方自治法によって都道府県議会、市町村議会のそれぞれで条例によって定めることになっている［第90条および第91条］。なお、2011年の地方自治法改正によって、それまで定められていた人口区分による議員定数の上限が撤廃された。

▶議会の権限

自治体の議会の権限は、①条例を設け、または改廃すること、②予算を定めること、③決算を認定すること、など全部で15の事件（案件）について議決しなければならない［第96条］。さらに、条例で自治体に関する事務（国の安全に関することなど一部の法定受託事務に係るものを除く）について議会の議決すべきものを定めることができる［第96条第2項］。その意味で、議会は自治体における「立法機関」であるといえる。

また、自治体において、議会は住民（有権者）の代表として条例や政策に有権者の声を反映させる役割を担っている。議会は地域における民主主義を担う重要なアクターとなっているのである。

▶条例

自治体の行政活動は、国の行政活動と同様に、法治行政原理に基づいており、さまざまな法令、条例、規則などに依拠している。特に、条例は、法令に反しない限りという制約はあるものの、自治体が議会の議決によって自ら制定できる法規である。なお、自治体には執行機関の長によって制定される規則、また行政組織の内部規定としての規程（訓令）、および要綱（告示）がある。

ところで、条例は、その特性に応じて、法律から独立した「固有条例」、法令の委任に基づく「委任条例」、そして都道府県が市町村の事務に対して制定できた「行政統制条例」の3種類に分類される。ただし、2000年の地方分権一括法施行後は、行政統制条例は廃棄された。

また、法令の規制以上に対象を広げ、厳しくしたものを「横出し条例」、法令の規制基準を強化したものを「上乗せ条例」という。

▶議会の課題

日本では地方議会の議員は減らすべきである、という意見が多い。財政的に厳しい中で、議員は多くの報酬を得ているにもかかわらず、それに見合った仕事をしていない（少なくともそのように見える）、という意見である。実際には、地方議会の多くが定数を減らしてきたが、依然として議員が多いという意見がある。

外国の例では、アメリカの議員は、専門職としての性格が強く、人数は少ないが、十分な報酬を得ながら、市政の専門家として活動を行っている。それに対して、ヨーロッパ諸国では、議員の数は比較的多いが、専門職というよりも名誉職としての性格が強く、報酬は極めて低いか、実費弁償程度である。ところが、日本では、議員の数が多い一方で、とくに人口の多い自治体では報酬は高い。これは日本の地方議会の歴史が関係している。戦前の地方議員は名誉職でほとんど報酬はなかったが、議員数は多かった。戦後になって、アメリカと同様に、議員数を減らして報酬を多くすることが議論された。しかし、結局、議員数は変わらないまま、報酬だけが高くなったのである。

これまで議員数を減らすことに注目が集まってきたが、人数よりも報酬を減らすという選択もあり得る。地方議員を減らすことは住民代表を減らすことになって、住民の意思が自治体に反映されにくくなる恐れもある。

最近では、人口減少社会を背景に、議員のなり手がおらず、無投票で当選が決まる自治体議会も少なくない。さらに、過疎と高齢化で、そもそも議会を構成できない恐れのある町村も出てきた。そうした町村では議会に代えて町村総会（住民総会）の設置を議論するところもあり、地方議会のあり方に大きなインパクトを与えている。

今日では、「議会基本条例」を制定し、議会改革を試みている地方議会も少なくない。議会が議会報告会などを開催し、住民との意見交換を試みるところもある。議会の構成員は、現在のところ、男性、高齢者、自営業が多いが、これからは女性や若者、そしてさらに会社員も議員として活躍できることが求められる。いずれにしても、議会のあり方が根本的に問われているといえよう。

2　自治体の執行機関

▶首長

自治体の長《ちょう》（首長）は、都道府県においては知事［第139条］、市町村においては市町村長［第139条2項］である。首長の任期は4年［第140条］で、衆議院議員、参議院議員との兼職はできない［第141条］。また、首長は自治体の議会の議員、常勤の職員、短時間勤務の職員と兼ねることもできない［第141条2項］。

▶首長の権限

首長は、当該自治体を統轄し、これを代表することになっている［第147条］。また、当該自治体の事務を管理し、これを執行する［第148条］。

自治体の首長は、①議会の議決を経るべき事件（案件）についてその議案を提出すること、②予算を調製し、これを執行すること、③地方税を賦課徴収し、分担金、使用料、加入金または手数料を徴収し、および過料を科すること、など9項目が地方自治法に掲げられている［第149条］。

議会と首長は抑制と均衡を期待されている。しかし、両者の権限などを比較すると、実際には首長の方が強いと考えられている。

▶行政機関（補助機関）

地方自治体の執行機関は、条例、予算その他の議会の議決に基づく事務および法令、規則その他の規程に基づく地方自治体の事務を、自らの判断と責任において、誠実に管理し、執行する義務を負うこととされている［第138条の2］。

また、地方自治体の執行機関の組織は、首長の所管のもとに、それぞれ明確な範囲の所掌事務と権限を有する執行機関によって、系統的にこれを構成しなければならない［第138条の3］。

首長を補佐する職務として、副市町村長、副知事［第161条］などがある。副市町村長は、2006年の地方自治法改正によって、かつて市町村長の補佐役であった助役の廃止に伴って置かれるようになった。また、会計事務を担当していた都道府県の出納長と、市町村の収入役は、いずれも新しい役職の会計管理者［第168条］になった。

執行機関の主たる担い手は、地方公務員である。最近は、自治体職員の給料や手当などでの厚遇が批判され、職員の削減を求める声は強い。しかし、実際に常勤の職員は減らされ、それを補うために非常勤の職員が増えていることに留意しなければならない。

▶サービスの供給主体

地方自治体によって供給されるサービスは、極めて多岐にわたっている。『地方財政白書』の「目的別決算額」の分類に従うならば、行政目的には民生、衛生、労働、農林水産業、商工、土木、消防、警察、教育、災害復旧などがある。ここには自治体が単独で行うものも中央政府と共同で処理する事務、都道府県が行う事務と市町村が行う事務が混在しているが、概《おおむ》ねこのように大別できると考えてよかろう。

ちなみに、民生には、生活保護や児童福祉（保育所）、高齢者福祉、社会福祉などが、衛生には、医療、保健衛生、一般廃棄物の収集・処理などが、また教育には、幼稚園や小学校、中学校に関する事務、公民館や図書館など社会教育、体育振興に関する事務などが入る。

3　行政委員会、監査委員、オンブズマン

▶行政委員会

地方自治体の執行機関には、首長のほかに行政委員会がある。行政委員会は、一般の行政機関から実質的に独立し、特定の行政権を行使するとともに、場合によっては規則を制定する準立法権や裁決を行う準司法権も行使できる。これは、議会政治に付随する政党勢力の行政への介入を防ぎ、行政の公正・中立を守ることを目的とする。

自治体の行政委員会で置かなければならないのは、教育委員会、選挙管理委員会、人事委員会（公平委員会）、監査委員である［第180条の5］。また、都道府県には公安委員会、労働委員会、収用委員会、海区漁業調整委員会、内水面漁場管理委員会を置かなければならず［第180条の5第2項］、市町村には農業委員会、固定資産評価審査委員会を置かなければならない［第180条の5第3項］。

▶監査委員

地方自治体の財務に関する事務の執行および経営に関係する事業の管理を監査することを職務とする機関で、自治体に置くこととされている［第195条］。委員の数は都道府県および政令で定める市が4人、その他の市が2～3人、町村が2人となっている。委員の任期は4年。毎会計年度に1回以上の定期監査を行うとともに、首長、議会等の要求に基づく監査、さらには住民の監査請求によって監査を行う。

なお、都道府県、政令指定都市および中核市では外部監査制度が導入されている。外部監査は、弁護士、公認会計士、税理士などの「外部監査人」に

委託して実施する。

▶ オンブズマン

行政による利益侵害などから住民を守るための機関として、オンブズマンを置いている自治体がある。オンブズマンとは、スウェーデン語で「護民官」を意味しており、「行政監察官」を指す。その選出、任命は原則として議会によって行われ、広く行政に関する苦情を受け、あるいは問題として取り上げ、行政を市民の側から監視する。この制度は他の北欧諸国をはじめ、欧米諸国やその地方自治体、米国のいくつかの州等に取り入れられている。

日本でも1990年に川崎市が「市民オンブズマン」の設置を条例で決め、市の行政一般についての市民からの苦情を処理している。今日では、他の自治体でも、この制度を導入するところが見られるが、日本ではオンブズマンの選出、任命は議会ではなく、首長が行っている（「オンブズマン制度」については、**第10章**「3 新しい行政統制の仕組み」も参照）。

▶ 情報公開制度

情報公開制度は、行政の透明性を確保し、行政を統制するためには不可欠な仕組みである。日本の地方自治体で情報公開条例を初めて制定したのは1982年の山形県金山町《かねやままち》であった。同年、神奈川県も都道府県としては最初の情報公開条例を制定し（1983年に施行）、その後、次第に全国の自治体へと広がっていく。2001年には国でも情報公開法が施行されて、ようやく政府が保有している情報が原則として公開されることになった。

なお、情報公開条例によって情報公開制度が置かれている地方自治体のほとんどにおいて、住民からの苦情に応え、情報が正しく公開されているかを審査するための情報公開審査会が設置されている（「情報公開制度」については、**第10章**「3 新しい行政統制の仕組み」も参照）。

［岡本三彦］

第22章

自治と参加

1　参政権と直接請求

▶住民とその権利

民主国家では主権者はあくまで住民（国民）であり、有権者である。地方自治法は、第10条において「市町村の区域内に住所を有する者は、当該市町村及びこれを包括する都道府県の住民とする」と住民を規定している。

また、同条２項では、「住民は、法律の定めるところにより、その属する普通地方公共団体の役務の提供をひとしく受ける権利を有し、その負担を分任する義務を負う」と定めている。このように住民は主権者として地方自治の主体として行動することが求められている。

地方自治法で認められている住民の権利としては、普通地方公共団体（自治体）の選挙に参与する権利［第11条］のほかに、自治体の条例の制定または改廃を請求する権利［第12条］、自治体の事務の監査を請求する権利［第12条2項］、自治体の議会の解散を請求する権利［第13条］、自治体の議会の議員、長、副知事もしくは副市町村長、選挙管理委員もしくは監査委員または公安委員会の委員の解職を請求する権利［第13条２項］、自治体の教育委員会の教育長または委員の解職を請求する権利［第13条３項］などの直接請求権がある。

▶ 地方参政権

参政権は、定められた一定の要件を満たした国民が、主権者として国および地方自治体の政治決定に直接ないし間接に参加することのできる権利を指す。地方の参政権には、国政レベルと同様に、公職者を選挙することのできる選挙権と、公職に立候補できる被選挙権がある。また、地方自治体では、解職請求に伴うリコールの住民投票や条例に基づく住民投票などの投票権もある。これも参政権の一つとみなすことができよう。

公職選挙法によれば、選挙権は、当該自治体に一定期間居住する満18歳以上の国民に認められ、地方自治法では、年齢満18年以上の日本国民で引き続き3箇月以上市町村の区域内に住所を有するものとされている［第18条］。

また、被選挙権は、地方に関しては市町村議会、都道府県議会、および市町村長が満25歳以上、都道府県知事が満30歳以上となっている。

一般に有権者といった場合には、公職選挙法で規定されている年齢を基準としている。しかし、最近では、市町村合併を問う住民投票など自治体が独自に条例で制定した投票に関しては、公職選挙法に必ずしも拘束されないことから、当該投票に関してのみ有権者の年齢を引き下げるところや当該地域に一定年数居住している定住外国人の住民に投票権を付与しているところもある。

▶ 直接請求制度

直接請求制度には、条例の制定または改廃の請求、事務の監査請求、解職請求（リコール）がある。特に、リコールは、公職に就いている者（選挙によって選ばれた公職者）を、任期の途中で解職する手続きであり、地方自治を保障する重要な手段となっている。

［図表22 - 1］直接請求権とその手続き（地方自治法74条から88条による）

請求の種類	必要署名数	請求先	取り扱い
条例の制定・改廃	50分の1以上	自治体の長	長が議会にかけその結果を公表
事務の監査	50分の1以上	監査委員	監査結果を公表し、議会・長などに報告
議会の解散	3分の1以上*	選挙管理委員会	有権者の投票に付し、過半数の同意があれば解散
議員・長の解職	3分の1以上*	選挙管理委員会	有権者の投票に付し、過半数の同意があれば職を失う
副知事・副市町村長等の解職	3分の1以上*	自治体の長	議会にかけ、3分の2以上の出席、その4分の3以上の同意で失職

＊ 選挙権を有する者の総数が40万を超え80万以下の場合にあってはその40万を超える数に6分の1を乗じて得た数と40万に3分の1を乗じて得た数とを合算して得た数、その総数が80万を超える場合にあってはその80万を超える数に8分の1を乗じて得た数と40万に6分の1を乗じて得た数と40万に3分の1を乗じて得た数とを合算して得た数。（筆者作成）

条例の制定または改廃は、自治体の有権者総数の50分の１以上の連署（署名）をもって、その代表者から首長に対して請求することができる［第74条］。また、事務の監査については、有権者総数の50分の１以上の署名をもって、その代表者から監査委員に対して請求できる［第75条］。なお、住民監査請求は、財務会計上の行為（原則として１年未満のもの）について１人でも請求できる［第242条］のに対して、事務の監査請求は自治体の事務全般について有権者総数50分の１以上の署名をもって請求しなければならないなど相違がある。

リコールは公職者の種類によって成立する要件が異なっている。地方自治法においてリコールの対象となるのは、①地方議会の解散［第76条］、②地方議会議員［第80条］および首長（市町村長、知事）の解職［第81条］、③副知事、副市町村長、選挙管理委員、監査委員、公安委員など役員の解職［第86条］である。なお、個別の法律に基づくものとして、教育委員、農業委員、海区漁業調整委員会委員などがある。

地方自治法においてリコールの対象となる公職の手続きは、次のとおりである。議会の解散と議員および首長の解職については、有権者総数の３分の１以上の署名をもって選挙管理委員会に請求する。ただし、有権者総数が40万を超え80万以下の場合はその40万を超える数に６分の１を乗じて得た数と40万に３分の１を乗じて得た数とを合算して得た数、その総数が80万を超える場合にあつてはその80万を超える数に８分の１を乗じて得た数と40万に６分の１を乗じて得た数と40万に３分の１を乗じて得た数とを合算して得た数となっており、以前より要件が緩和された。請求要件が満たされている場合には、有権者による住民投票が実施され、その過半数が解散、解職に賛成すれば、解散、解職が決まる。これに対して、副知事、副市町村長などの公職者（役員）の場合には、有権者の３分の１以上（必要な数）の連署をもって首長に請求し、それを首長が議会に付す。この解職請求の対象となった役員は、議員の３分の２以上が出席している議会において、その４分の３以上が解職に同意した場合には失職する。

▶ 請願、陳情

住民が直接請求できる制度としては、議会に対する請願や陳情、監査委員に対する住民監査請求などがある。請願と陳情は、基本的に住民が議会に要望・意見を述べるという点では同じであるが、その手続きに相違がある。

そもそも請願は、国民が損害の救済、公務員の罷免、法律・命令・規制の制定・改廃その他の事項に関して、文書によりその希望を天皇、国会、行政官庁、地方議会に申し出ることで、憲法にも認められた権利である。また、一般的には請願法があり、国会法、地方自治法にも関連規定がある。ただし、関係機関は必ずしもその求めに回答したり、善処を義務づけられているわけではない。なお、地方議会への請願は、議員の紹介により請願書を提出しなければならない［第124条］。

一方、陳情は、住民が公的機関や政治家に実情を述べて、善処を要請することであるが、法律によって保障された権利ではなく、議会に提出する手続きでは議員の紹介などはいらない。

2　住民参加と住民投票、住民発議

▶住民参加

住民参加とは、文字どおり住民が政治、行政に参加することを意味する。また、住民参加は、ある地域の住民がある共通した特定の問題に対して主体的に行動する住民運動と密接な関係にある。もちろん、広義には、選挙や直接請求、住民投票なども住民参加に含まれるが、住民運動は自治体に対抗的な「運動」形態と考えられている。

日本の住民運動は、1960年代に全国各地で発生した公害問題に対する運動が契機となって広がり、70年代に入ると、より一層生活に密接な問題に取り組むようになった。その後、運動の性格に変化が生じる。70年代までの住民運動が、行政や企業に対する抵抗運動に見られる「抵抗型」の住民運動であったのに対して、80年代以降の住民運動は行政に対して政策を提案する「提案型」に変わっていく。今日では、住民と自治体、とくに行政とが協働で自治体を担っていくことが強調され、「まちづくり協議会」やドイツのプラーヌンクスツェレ（計画細胞）を参考にした「市民討議会」など、自治体行政へのさまざまな住民参加の手法が試みられている。

その一方で、参加が権力に対する対抗的な形態としての「運動」から「参画」というように制度化されると、それは「権力」に取り込まれ、利用される危険性を伴っているといえる。したがって、参加は「運動」に回帰する姿勢を常に持ち続けることが必要である、という篠原一の指摘にも留意する必要があろう。

▶憲法および法律に基づく住民投票

住民投票は「直接民主制」の１つで、住民の意思を問うための投票をいう。日本においても住民投票（国民投票）が制度化されているものがある。憲法では、憲法改正に関する国民投票が義務づけられている（憲法第96条）。

１つの自治体に関係する法律の制定に関しても当該自治体の有権者による住民投票を必要とする（憲法第95条）。これは国の立法行為が特定の地方自治体に不利益を及ぼさないように、定められた規定であり、これまでに1949年から52年にかけて広島市や長崎市など18自治体で19件の例がある。

地方自治法には、上述のとおり、地方議会の解散、議員・長の解職といったリコールに関する住民投票が定められている。その他、大都市地域特別設置法、合併特例法に基づく住民投票がある。これらは、住民投票の結果が、最終的に自治体の意思となる。

▶条例に基づく住民投票

最近では、法律で定められた住民投票以外に、重要な政策について住民の意思を問う「諮問《しもん》型」の住民投票を実施する自治体が増えている。だが、日本ではいまのところ、自治体の政策に対する住民投票について定めた法律がないために、自治体で個別案件ごとの住民投票条例を制定して住民投票を実施するというのが一般的である。日本の自治体では議会が議決機関であり、また住民投票の結果には法的拘束力がないと考えられていることから、住民投票で示された住民の意思が最終的な自治体の意思とはならない。もちろん、議会、首長は住民投票の結果に道義的に拘束される可能性はある。このような住民投票は、あくまでも住民の意見を聞くという「諮問的住民投票」であって、住民が最終的な意思決定を行うという本来の住民投票とは異なっている。

日本で個別の住民投票条例を制定して住民投票を実施する例は、1990年代の半ばから見られるようになってきた。その先駆となったのが、新潟県巻町《まきまち》（現在の新潟市西蒲区《にしかんく》）における「巻町における原子力発電所建設につ

[図表22 - 2] 条例に基づく住民投票の実施事例一覧 (2017年3月1日現在)

件名	自治体名	提案者等	投票日	投票率	賛否	賛成率	判断
原子力発電所の建設	新潟県巻町	直接請求	1996年8月4日	88.29%	否	38.78%	中止
日米地位協定の見直し及び基地の整理縮小	沖縄県	直接請求	1996年9月8日	59.53%	賛	91.26%	見直し
産業廃棄物処理施設の設置	岐阜県御嵩町	直接請求	1997年6月22日	87.50%	否	19.06%	中止
産業廃棄物中間処理場建設	宮崎県小林市	直接請求	1997年11月16日	75.86%	否	40.63%	完成
ヘリポート基地建設の是非	沖縄県名護市	直接請求	1997年12月21日	82.45%	否	46.17%	受入
産業廃棄物最終処分場の設置	岡山県吉永町	直接請求	1998年2月8日	91.65%	否	1.77%	撤回
産業廃棄物処分場の設置	宮城県白石市	市長	1998年6月14日	70.99%	否	3.84%	反対
産業廃棄物最終処分場の設置	千葉県海上町	町長	1998年8月30日	87.31%	否	1.68%	不許可
採石場の新規計画及び採石場の拡張計画	長崎県小長井町	町長	1999年7月4日	67.75%	賛	52.84%	実施
吉野川可動堰建設計画の賛否	徳島県徳島市	議員	2000年1月23日	54.99%	否	8.35%	中止
原発プルサーマル計画の導入	新潟県刈羽村	直接請求	2001年5月27日	88.14%	否	44.33%	延期
原子力発電所の誘致	三重県海山町	町長	2001年11月18日	88.64%	否	32.51%	反対
産業廃棄物処理施設設置	高知県日高村	直接請求	2003年10月26日	79.80%	賛	60.34%	賛成
袖ヶ浦駅北側地区整備事業の賛否	千葉県袖ケ浦市	直接請求	2005年10月23日	57.95%	否	35.53%	中止
米空母艦載機移駐案受け入れ	山口県岩国市	市長	2006年3月12日	58.68%	否	11.00%	中止
地域交流センター建設の賛否	千葉県四街道市	直接請求	2007年12月9日	47.55%	否	23.88%	中止
牧場誘致計画の是非	沖縄県伊是名村	村長	2008年4月27日	71.36%	賛	50.05%	中止
総合文化会館の建設の賛否	長野県佐久市	市長	2010年11月14日	54.87%	否	28.93%	中止
鳥取市庁舎整備(新築移転)	鳥取県鳥取市	議員	2012年5月20日	50.81%	否	39.38%	
市議会議員の定数を20人以下とすることの賛否	山口県山陽小野田市	直接請求	2013年4月7日	45.53%	—	-	不成立
東京都の小平都市計画道路府中所沢線計画	東京都小平市	直接請求	2013年5月26日	35.17%	—	-	不成立
菊水区域小中併設型校舎建設事業の事業費	熊本県和水町	町長	2013年11月10日	28.93%	—	-	不成立
北本市における新駅建設の賛否	埼玉県北本市	市長	2013年12月15日	62.34%	否	23.76%	中止
伊賀市庁舎整備	三重県伊賀市	市長	2014年8月24日	42.15%	—	-	不成立
防音校舎の除湿工事(冷房工事)の計画的な実施	埼玉県所沢市	直接請求	2015年2月15日	31.26%	賛	65.45%	設置
与那国島への陸上自衛隊沿岸監視部隊配備の賛否	沖縄県与那国町	直接請求	2015年2月22日	85.74%	賛	58.70%	受入
高島市庁舎整備	滋賀県高島市	市長	2015年4月12日	67.85%	＊	68.11%	増築
壱岐市庁舎建設	長崎県壱岐市	市長	2015年4月26日	63.67%	否	32.29%	中止
新城市新庁舎建設における現計画の見直し	愛知県新城市	議員	2015年5月31日	56.23%	＊	56.93%	案2
つくば市総合運動公園基本計画、及びこれに係る市費の支出の賛否	茨城県つくば市	直接請求	2015年8月2日	47.30%	否	19.22%	中止
現在の新図書館建設計画	愛知県小牧市	議員	2015年10月4日	50.38%	否	43.57%	見直し
和泉市庁舎整備	大阪府和泉市	議員	2015年11月22日	48.82%	＊	52.13%	移転
竹富町役場の新庁舎建設の位置	沖縄県竹富町	議員	2015年11月29日	80.25%	＊	56.14%	移転
石垣市役所の新庁舎建設の位置	沖縄県石垣市	議員	2016年2月7日	39.05%	＊	81.75%	移転
南アルプス市庁舎整備計画	山梨県南アルプス市	直接請求	2016年3月20日	49.92%	＊	56.07%	増築
菊水区域小・学校校舎建設事業	熊本県和水町	議員	2016年10月2日	57.79%	＊	54.62%	改修
「中央公民館取り壊し」の賛否	愛知県高浜市	条例	2016年11月21日	36.66%	—	-	不成立
「大釜における産業廃棄物最終処理場建設」の賛否	石川県輪島市	条例	2017年2月19日	42.02%	—	-	不成立

(注) 2005年1月9日に実施された兵庫県一宮町の「新市の地名」を問う住民投票など「市町村合併」に関連するものは上の表からは除いている。また、賛否の欄の「＊」は、賛否では表せないものを示している。

出典:岡本三彦「自治体の政策過程における住民投票」『会計検査研究』45号、120頁に加筆、修正。

いての住民投票に関する条例」であった。同町では、住民投票を実施するに当たって条例のみならず、実施の手続きを定めた規則（施行規則）を制定し、1996年８月に全国で初めて自治体の意思による住民投票を実施した。結果は、投票率88％で、原子力発電所建設に賛成が39％、反対が61％であった。これを受けて町長は原発建設反対を表明することとなった。その後、沖縄県米軍基地、岐阜県御嵩町《みたけちょう》の産業廃棄物処分場建設など、全国各地でいわゆる「迷惑施設」をめぐる住民投票が実施された。

2000年以降は、市町村合併をめぐって住民投票が数多く実施されるようになった。2003年から05年にかけては全国の自治体で約350件の住民投票が実施されたが、そのほとんどが合併に関係するものであった。

今日では、住民投票の対象となる案件も、「迷惑施設」に関するものだけでなく、駅前開発を問う住民投票など「大型公共施設」を対象とするものが増え、対象範囲も拡大されてきている。

▶ 自治体における住民投票の制度化

住民投票は、住民が地域の問題に関心をもち当事者意識をもつことで、能動的に行動する可能性を高める。また、地域の問題について議論することによって、議論の内容が深まり、民主的な手続きが強化されることが期待できる。そこから、地域におけるデモクラシーが拡大する可能性を有している。今日では、問題が生じるたびに住民投票条例を制定して、投票を実施するのではなく、あらかじめ住民投票条例や自治基本条例を定め、一定の要件が満たされれば必ず住民投票を実施する「常設型」の住民投票制度を設置している自治体がある。常設型住民投票制度には議会の議論を慎重にさせる効果もある。議会や首長の対応によっては、住民投票にかけられる可能性があるからである。

なお、一定数の署名とともに住民の側から議会に条例や政策が提案されたものを議会が否決した場合に、その提案の是非を住民投票にかけることを義務づける「本来の」住民発議（イニシアティヴ）制度も、さらなる自治のためには必要とされる可能性がある。

3 住民自治組織――自治会・町内会と新たな地域組織

▶自治会・町内会

自治会・町内会は、市町村内の一定の区域を単位として、住民が相互に助け合う互助組織として機能してきた。しかしながら、戦前の一時期には、戦争を遂行する国家の末端機関として位置づけられ、さらに数世帯からなる隣組に区分された。戦後、GHQ（連合国軍最高司令官総司令部）によって解散命令が出されたが、実際には戦後復興の際にも互助組織として食糧の配給などで活用された。

地域によっては町内会・自治会のないところもあるが、何らかの形で住民自治組織を置いているところが少なくない。総務省の調査によれば、2013年4月1日現在、全国に29万8700の自治会・町内会等が存在する。ただし、活動はどの自治会・町内会も活発であるというわけではない。自治会・町内会は、一部の役員だけが積極的で、その他の住民の多くが無関心であったり、都市部のスプロール化（都市の郊外に無秩序・無計画に宅地が広がること）によって構成員がいなくなっているところも多い。また、住民の自治組織では、必ずしも権限が強くないことから、活動を行うにも限界があると指摘されている。

その一方で、コミュニティといわれる地域共同体は今日、必ずしも期待されているような機能を果たしていないように思われる。それどころか、社会状況の変化に伴って、解体の危機に直面している。人びとは社会とのかかわりを持たず、人間関係も希薄になっている。「社会関係資本」（ソーシャル・キャピタル）の低下である。しかしながら、地域社会が災害などさまざまな困難に直面する可能性があることを考えると、地域共同体の役割は非常に重要であるといえよう。

▶新たな地域自治組織

2000年ごろから急速に進んだ市町村合併の結果、合併自治体では行政が住民の声をきめ細かく吸い上げられなくなることが懸念された。こうした懸念に応えるために、自治会・町内会とは別に市町村の判断で一定の区域を単位として、住民の意見を集約したり、市町村の事務の一部を担ったりする地域自治組織の設置が可能となった。こうした地域自治組織には、「地域自治区」と「合併特例区」がある。

「地域自治区」は、2004年の地方自治法改正によって設置が可能となった。住民の意見をとりまとめて行政に反映させるための地域協議会と事務所を有するが、法人格はなく、市町村が予算措置をする。地域自治区は、合併にかかわりなく設置できる「一般制度」の地域自治区、合併市町村で設置できる「合併特例」の地域自治区に区分される。

また、「合併特例区」は2004年改正の合併特例法によって、合併市町村で一定期間内（上限は5年）、設置できた。法人格をもち、独自の予算編成ができるなど強い権限を有し、特別職の区長を置くことになっているが、現在は設置している自治体はない。

総務省によると、2018年4月1日現在、地域自治区を設置している自治体が25（合併特例11、一般制度14）、合併特例区が0となっている。

［岡本三彦］

第23章

自治体の財政

1　歳入――自治体の収入

▶地方財政

地方自治体における行政活動の経済的基盤となるのが地方財政である。地方自治体は、それぞれが財政を管理し、運営している。自治体における年間（日本の場合は４月から翌年３月まで）の収入を歳入、支出を歳出という。

自治体の主な歳入は、地方税、地方交付税交付金、国庫支出金（補助金）、地方債などである。また主たる歳出は、目的別で見ると教育費、土木費、民生費、公債費、総務費など、性質別では人件費、普通建設事業費、公債費などとなっている。

▶歳入

2016年度の地方自治体の歳入決算額(純計)は、およそ101兆4598億円であった。また都道府県が約51兆6231億円、市町村が約58兆4007億円となっている。

地方財政は、収入の面で見ると自治体が自主的に徴収できる「自主財源」と国などからの資金に依存する「依存財源」の２つに分けられる。また、支出に際して使途を特定されていない財源を「一般財源」といい、使途を特定されているものを「特定財源」という。

[図表23 - 1] 2016(平成28)年度歳入決算額の構成比

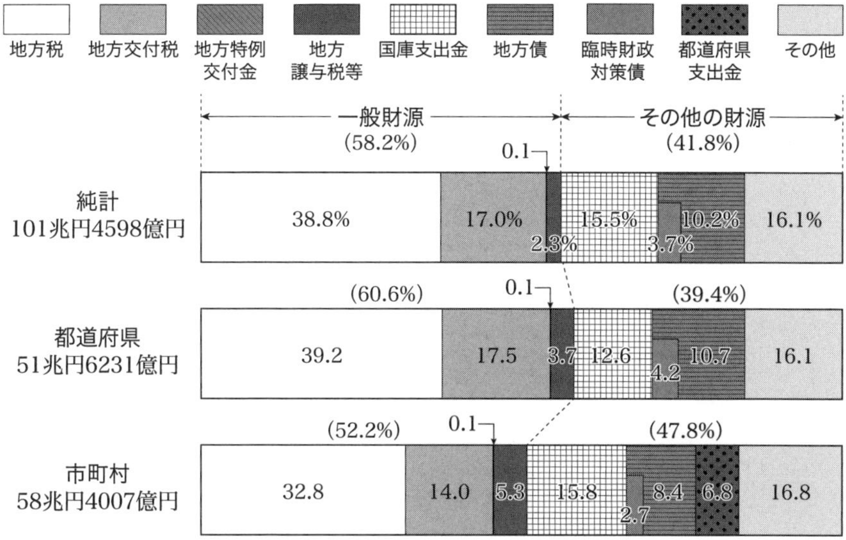

(注)国庫支出金には、交通安全対策特別交付金及び国有提供施設等所在市町村助成交付金を含む。

出典：総務省『地方財政白書〔平成30年版〕』(平成28年度の地方財政の状況) 2018年、14頁を基に作成

▶自主財源

自主財源は、基本的に自治体自らの判断で使用できる。こうした自主財源には、地方税、地方債、手数料・使用料などがある。ただし、これらの自主財源も、必ずしも任意に徴収できるものではなく、法律によってさまざまな規制がある。

地方税には、道府県税（都を含む）、市町村税（特別区を含む）がある。各自治体が賦課できる税率は、地方税法によって定められているため、自治体間で大きな差異はないが、具体的な賦課徴収の定めについては各自治体の条例などによる。

地方債は、本来、自主財源であるが、かつては国の許可を得なければならなかった。現在では、発行にあたって、都道府県と政令指定都市においては総務大臣と、市町村にあっては都道府県知事と協議が必要であるが、小規模自治体や財政的に脆弱《ぜいじゃく》な自治体については総務大臣または都道府県知事の許可を必要としている。なお、地方債は使途が指定されているため特定財源に該当する。

手数料は、住民が個人的に必要とする書類（住民票や戸籍謄本《とうほん》など）の発行の際に支払うものである。また使用料は、市バスや市営地下鉄、市民会館などの利用者が支払うものであり、それらは「受益者負担」に相当する。

▶ 依存財源

依存財源は、国などからお金が付与されるものであり、それには「地方交付税交付金」（地方交付税）、「地方譲与税」、「国庫支出金」などがある。このうち、原則として使い道（使途）を指定されない一般財源として付与されるものが「地方交付税」である。これに対して、地方譲与税と国庫支出金については、あらかじめ使途が指定されている特定財源である。

地方交付税は、自治体間の財政格差を調整し、是正する制度として利用されてきた。地方交付税は、所得税、法人税、酒税等の国税の一定比率を総額として、各自治体が行政活動に要する需要額（基準財政需要額）から収入額を引いた額（基準財政収入額）がマイナスになる自治体に（財源不足額＝交付税交付金額）支給される。一般財源であるため、自治体にとって自由度が高く、財政的に困難な自治体にとっては重要な収入となってきた。だが、地方交付税に対しては自治体関係者の中に積極的に評価する声がある一方で、基準財政需要額、基準財政収入額の算定方法が明確ではない（少なくとも一般に広く理解されるようなものではない）などの問題点も指摘されている。

これに対して、使途が指定されている国庫支出金については、「ひも付き補助金」として以前から多くの批判がある。国庫支出金は、「国庫補助金」、「国庫負担金」、「国庫委託金」などに分けられる。国庫補助金は、さらに「奨励的補助金」と「財政援助的補給金」の二種類に分けられる。奨励的補助金とは、国が政策的見地から自治体に特定の施策を推進・奨励するため支出するものである。財政援助的補給金とは、自治体の特定の経費の負担軽減を図るために支出されるものである。

国庫負担金は、自治体の事業のうち国家のかかわりが強いために国の負担割合が法令で定められているもので、義務教育費国庫負担金などに代表される。また国庫委託金は、従来の機関委任事務に対する、今日では法定受託事務に対する支出金で、国政選挙のための費用などがある。

▶ 地方税制

およそ行政組織が提供するサービスは、多かれ少なかれ、税金を基礎にしている。たとえば、都道府県では、個人や法人にかけられる都道府県民税、事業税、地方消費税、自動車税など使途を特定しないで一般経費に充てるための普通税のほか、自動車取得税、軽油取引税など特定の経費に充てるために課される目的税がある。また、市町村では、市町村民税、固定資産税、軽自動車税、市町村たばこ税などの普通税、都市計画税、事業所税などの目的税などがある。

ところで、地方税は必ずしも各自治体で任意に税率を設定できるわけではない。地方税法によって、標準税率、制限税率、一定税率の三つが定められている。

標準税率とは、自治体が条例によって地方税を課税する場合の全国一律の税率である。財源に余裕がある場合には標準税率を下回る税率を設定でき、不足する場合にはこれを上回る税率を設定（超過課税）できる。ただし、税目によっては、制限税率という超過課税の上限が地方税法によって定められている。また、自治体が課税する場合には、定められた税率以外は許さないというのが一定税率である。こうした規定によって日本では、各自治体によってそれほど大きな税率の違いはない。

ただし、地方分権一括法が施行された2000年４月以降は、総務大臣と事前に協議を行い、同意を得られれば、各自治体で法定外目的税を創設することが可能になるなど、課税の自由度が若干だが拡大した。法定外目的税の例としては、一般廃棄物埋立税や産業廃棄物税などがある。また、従来は「許可制」とされていた法定外普通税についても、法定外目的税と同様の手続きで設けることが可能となった。法定外普通税の例には、核燃料税、砂利取得税などがある。

2　歳出──自治体の支出

▶ 歳出

2016年度の地方自治体における決算額(純計)は98兆1415億円であった。また、都道府県が50兆2103億円、市町村が56兆4951億円であった。自治体の歳出については、支出の対象となる行政の目的にしたがって区分した

「目的別歳出」の決算額と経済的な性質に着目して分類した「性質別歳出」の決算額から見ておきたい。

［図表23 - 2］2016（平成28）年度 目的別歳出決算額の構成比

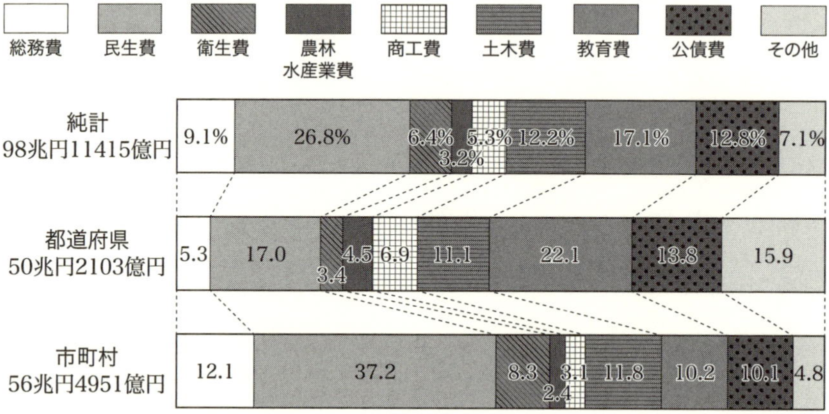

出典：総務省『地方財政白書〔平成30年版〕』（平成28年度の地方財政の状況）2018年、16頁を基に作成

［図表23 - 3］2016（平成28）年度 性質別歳出決算額の構成比

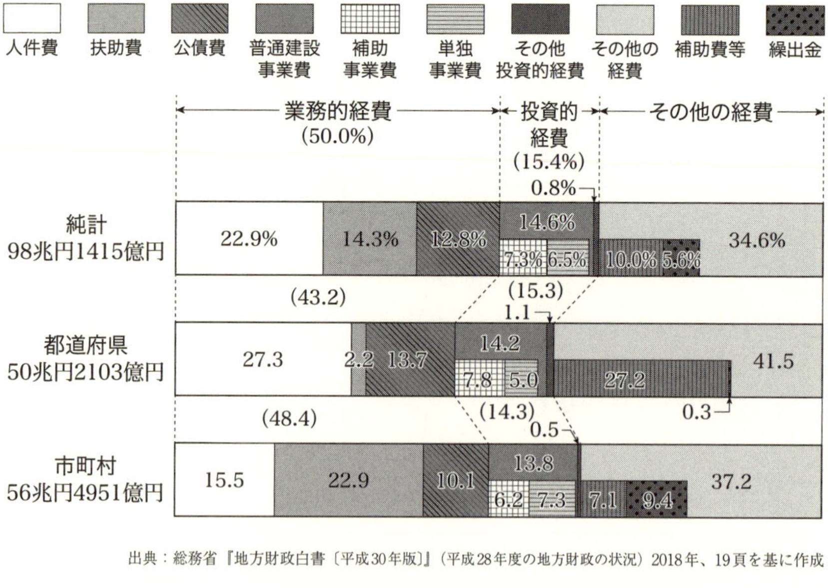

出典：総務省『地方財政白書〔平成30年版〕』（平成28年度の地方財政の状況）2018年、19頁を基に作成

▶目的別歳出

2016年度の目的別歳出の決算額について都道府県と市町村それぞれの支出の重複を調整した純計額で見ると、民生費の約26兆3408億円（目的別歳出全体に占める比率は26.8%）と最も多く、ついで教育費が約16兆7458億円（同17.1%）、公債費が約12兆5719億円（同12.8%）、土木費約12兆182億円（同12.2%）などとなっている。

▶性質別歳出

性質別歳出では、その他経費が約33兆9924億円（性質別歳出全体に占める比率は34.6%）と最も多く、次いで人件費の約22兆4686億円（同22. 9%）、普通建設事業費がおよそ14兆3069億円（同14. 6%）などとなっている。

3　国と地方の財政関係

▶財政の中央地方関係

地方税は自治体にとって最大の財源となっている。それでも地方税が歳入構造に占める割合は、概《おおむ》ね34%～39%台である。バブル経済期には４割を超えたこともあったが、1990年代半ば以降は一時期を除き３割台で推移している。このように自治体が自らまかなえる収入は、地方の歳入全体の３分の１程度でしかない。

地方税収入は、国税収入の約２分の１である。しかし、歳出に際しては、国と地方の配分比が１対２になる。これは、国から地方へ大幅な財政移転が行われているということを意味している。つまり、地方は自ら税金を直接徴収して収入とするよりも、国が徴収した税金等を地方に配分することで得られた収入によって運営されているのである。

このように、地方は財政面で国に大きく依存している。さらに、地方の歳入は国の意思に左右される財政移転に依存していることから、財政面でも地方自治が阻害されているといわれている。依存財源に頼っている自治体の活動については、自律性と自己統治の観点からすれば、「歳入の自治」を確立することが強く求められる。

▶赤字財政と「三位一体の改革」

今日、地方自治体の財政赤字もさることながら、国家財政の赤字も大きく、国債および借入金は、2018年３月末現在、約1088兆円に達している。国と地方の財政状況は、1990年代以降、悪化の一途をたどり、財政再建は喫緊の課題となってきた。しかも、地方分権改革では、財政面における分権は残されたままであった。そうした中で、2001年に発足した小泉（純一郎）内閣では、地方分権と国・地方の行財政改革のために、①国から自治体への補助金の削減、②地方交付税の見直し、③国から地方への税源の移譲、の３つを同時に進めるものとして、2001年から「三位一体《さんみいったい》の改革」が行われた。

「三位一体の改革」は2005年12月に一応の決着を見たとされている。06年度には国から地方への補助金を４兆円程度、廃止・縮減し、およそ３兆円の税源を移譲する。また、地方交付税に関しては、約４兆円を削減することとなった。しかし、補助金が約４兆円、地方交付税が約４兆円、それぞれ削減されたのに対して、税源移譲は約３兆円に止まったため、地方自治体によっては財政的に厳しいところも少なくない。

こうした中で2008年以降では、地方自治体の中には「ふるさと納税」の仕組みを利用して、自治体の歳入を増やそうというところもある。「ふるさと納税」は、実際には都道府県、市町村への寄付であり（「ふるさと寄付金」）、寄付者は所得税、住民税から寄付金控除《こうじょ》が受けられる。「ふるさと納税」は自治体からの返礼品などもあることから寄付者は多く、2008年の寄付は約３万3000人、72億6000万円であったが、2016年には約225万人、2540億円に上っている。

［岡本三彦］

第24章

最近の地方自治の動向

1　市町村合併と道州制

▶ 市町村合併

日本の地方自治の歴史は市町村合併とともにあったといっても過言ではない。２つ以上の市町村が合同することを市町村合併という。明治時代の三新法が制定された後（1883年の時点）で、約7万1300の町村があったとされる。それが1889年の市制・町村制の施行時には、市町村の数は約１万6000になった。1888年に「明治の大合併」と呼ばれる大規模な合併が行われたからである。この合併は小学校をはじめとする市町村行政にふさわしい規模を確保することを目的とするものであった。その後、第二次世界大戦が終了するまでは小規模な合併があり、大戦直後には約１万の市町村になっていた。

1953年に町村合併促進法が施行されたが、同法が失効した1956年９月までの間に、9868 市町村から3975市町村になった。「昭和の大合併」である。同法や他の合併関連の法律を受け継いで時限法として成立したのが、1965年制定の「市町村の合併の特例に関する法律」（合併特例法）である。合併特例法は当初10 年間の時限法として制定されたものの、10 年ごとに繰り返し改正されて今日に至っている。

2000年代に入って本格的に始まった「平成の大合併」では、当初約3230あった市町村が2006年４月には1820市町村にまで減少し、さらに10年後

［図表24－1］市町村数の推移

年月	市	町	村	計	備考
1888（明治21）年	―	(71,314)		71,314	
1889（明治22）年	39	(15,820)		15,859	市制町村制施行
1922（大正11）年	91	1,242	10,982	12,315	
1945（昭和20）年 10月	205	1,797	8,518	10,520	
1947（昭和22）年　8月	210	1,784	8,511	10,505	地方自治法施行
1953（昭和28）年 10月	286	1,966	7,616	9,868	町村合併促進法施行
1965（昭和40）年 4月	560	2,005	827	3,392	市町村の合併の特例に関する法律施行
1975（昭和50）年 4月	643	1,974	640	3,257	市町村の合併の特例に関する法律の一部を改正する法律施行
1985（昭和60）年 4月	651	2,001	601	3,253	市町村の合併の特例に関する法律の一部を改正する法律施行
1995（平成7）年　4月	663	1,994	577	3,234	市町村の合併の特例に関する法律の一部を改正する法律施行
2004（平成16）年 5月	695	1,872	533	3,100	市町村の合併の特例に関する法律の一部を改正する法律施行
2005（平成17）年 4月	739	1,317	339	2,395	市町村の合併の特例等に関する法律施行
2006（平成18）年 3月	777	846	198	1,821	市町村の合併の特例に関する法律経過措置終了
2010（平成22）年 4月	786	757	184	1,727	市町村の合併の特例法に関する法律施行
2018（平成30）年 4月	791	744	183	1,718	―

出典：総務省 HP などを基に作成

の2016年は1718にまで減った。「平成の大合併」では、国は市町村の数を1000程度を目標に合併を進めてきた。しかし、地方制度調査会などにおいて市町村合併が相当程度進捗《しんちょく》したとの意見もあり、2010年３月末で「全国的な合併推進」に一区切りをつけることとなった。

▶ 合併の理由

「平成の大合併」に際して、国が示した合併推進の理由は、主として次の３つであった。

第１に、行財政基盤の強化である。2000年に地方分権一括法が施行されたことによって、自己決定、自己責任のルールに基づく行政システムが確立された。したがって、各自治体は、自ら政策を作成し、たがいに政策、サービスを競い合うようになり、個性ある多様な行政施策を展開するには、一定の規模と能力、すなわち財源と人材が必要である。また、少子高齢化が進めば、市町村が提供するサービスの水準を確保するためにはある程度の人口の集積が必要である、というものであった。

第２に、広域的な行政需要の増大への対応である。交通、通信手段の発展によって、人々の日常生活圏が拡大しており、市町村の区域を越えた行政需要が増大していることから、それに応じた新たな市町村の単位が必要である、というものであった。

第３に、国・地方における行財政改革の要請である。国家財政（国債および借入金）は約830兆円に達する赤字（2006年９月末現在）を抱えている。そうした中で、無駄をなくした、効率的な行財政運営が求められている、というものであった。総務省をはじめ国は、市町村合併のメリットとして「住民の利便性の向上」「サービスの高度化・多様化」「広域的なまちづくり」「財政の効率化」などを主張してきた。

これに対して、一般に指摘されている合併のデメリットは、「地域アイデンティティの喪失」である。もともと別々の市町村であったものが一緒になるのであるから、必ずしもうまくいくとは限らない。そのため、福島県矢《や》祭町《まつりまち》のように「合併しない宣言」を出す自治体もあった。また地域が拡大することによって一体感が失われる、議会や役所が住民から遠くなることによって住民の参加が妨げられる、という指摘もある。

「平成の大合併」では、岐阜県高山市のように香川県や大阪府よりも面積が大きい巨大な市町村が出現した。これなどは人口を増やすことが重視されたためであるように思われる。合併によってある程度の人口の集積が見込めるといっても、大都市以外は一層の過疎が進んでいるところも多く、地域の活性化にも必ずしも結びついていない。また、合併した市町村では中心部以外の周辺集落が衰退するなど、地域社会の崩壊も見られる。

こうした状況の中、「限界集落」という地域コミュニティを維持できないところが出てきた。さらに、人口減少社会にあって、「消滅自治体」や「地方消滅」など自治体がなくなるようなイメージが広がっている。これに対して、中央政府の主導で「地方創生」などのプロジェクトが進められている。ただし、そうしたプロジェクトが地方自治にとって望ましいものであるものなのかは意見の分かれるところである。

その一方で、市町村合併の進展に伴って、都道府県のあり方を見直すべきであるという主張が出てくる。「道州制」である。

▶ 道州制

広域的自治体である都道府県の沿革は、廃藩置県にまでさかのぼることができる。1871年に明治政府によって行われた廃藩置県では全国に3府302県が置かれたが、同年すぐに整理統合され3府72県になる。さらに1888年には3府43県となる。それ以来100年以上にわたって、大規模な再編を経験することなく、今日に至っている。ところが、市町村合併が進む中で、都道府県の機能を見直すべきであるという意見が出されるようになった。現行の都道府県の区域は、広域的自治体としては狭小であるから、再編してより広域な「道州」にすべきである、というものである。

第28次地方制度調査会は、2006年2月の答申で、道州制の区割りについて「9道州」「11道州」「13道州」という具体的な3案が示された。もっとも道州制については、実現に至るまでにはまだまだ議論の余地がある。道州は都道府県を再編した広域自治体で、首長は住民が直接選挙することを想定しているが、国と道州間の事務権限の再配分など国・地方のあり方を抜本的に見直すことになるだけに、激しい議論は必至である。

ところで、「道州制」が議論されたのは、この時が初めてではない。すでに戦前から道州制の議論はあったが、戦後では特に1950年代半ばに「地方」案というかたちで具体的に議論されている。1957年に第4次地方制度調査会は、「地方」案を打ち出したが、そこでは「地方」は国の直轄機関であり、その首長は官選というものであった。この「地方」案に対しては、中央集権化を強化する、という理由などから多くの反対論が出された。最近ではこのような「地方」案を復活させようというような意見は見られなくなった。しかし、道州のあり方によっては地方自治の発展、地方分権のあり方を大きく左右することになろう。

2 自治体と行政改革

▶自治体の行政改革――ＮＰＭ、ＰＰＰ、ＰＦＩ等

地方分権改革など、国と地方の関係を見直し、市町村の行財政基盤強化を目的とした市町村合併が進められる中で、自治体も行政改革を求められている。

地方自治体に民間経営の視点を導入し、行政の効率化を図ろうとするNPM（ニュー・パブリック・マネジメント）を何らかの形で取り入れている自治体は多い。NPMは、成果主義･業績主義、住民を顧客として捉えること、組織機構の簡素化などを特徴とする。

たとえば、公共施設の整備に民間の資金や技術力、経営能力を活用する「PFI（プライベート・ファイナンス・イニシアティヴ＝民間資金を活用した社会資本整備）」、地方自治体や国が事務事業を直接処理するのではなく、民間業者に委託して行う「民間委託」、スポーツ施設、都市公園、文化施設、社会福祉施設など公の施設の管理の権限を、自治体が民間事業者やNPO法人などを指定して管理運営させる「指定管理者制度」、公共サービスの実施

［図表24 - 2］PPPとPFIの関係

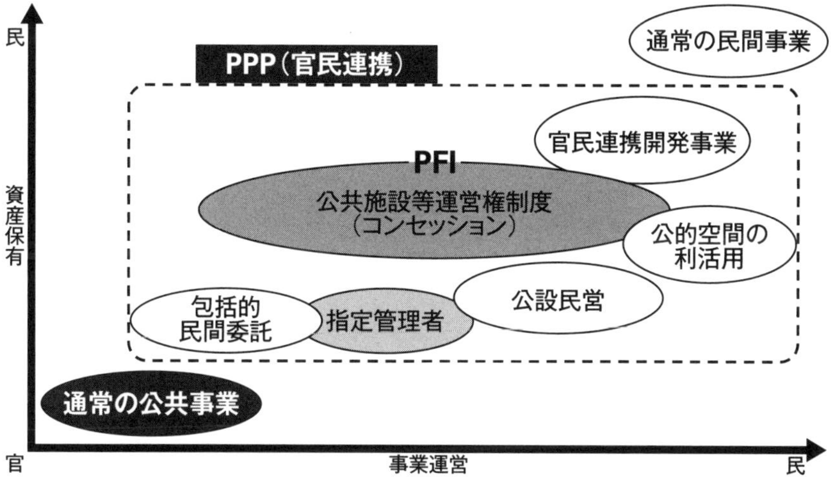

出典：国土交通省総合政策局官民連携政策課「PFIとPPPの位置付け」（内閣府資金等活用事業推進室［PFI推進室］「PPP／PFIの推進について」［2017年10月］）を基に作成

について、行政と民間の企業等が対等に競争入札し、質及び価格の両面で最も優れた者にそのサービスの実施を担わせる「市場化テスト（官民競争入札制度）」などである。

さらに、今日、自治体が抱える課題は、行政の力だけでは解決できないような複雑なものも少なくない。そうした問題に対して、行政だけでなく、民間の力も幅広く活用するPPP（パブリック・プライベート・パートナーシップ）、すなわち官民連携が主張されている。いずれも公営事業に民間の力を幅広く活用することによって運営の効率化につながると期待されている。ただし、その場合でも、責任の所在を明確にすること、そして安全の確保を第一とすることが不可欠である。

▶地方自治体とガバナンス

最近では地方自治体の抱える課題は、非常に複雑で多岐にわたっている。少子高齢社会で人口が減少する中で地域社会において安心して暮らしていけるか。無秩序な地域開発をいかにして秩序あるものとしていくか。さらに低成長経済における限られた財源の中でどのように財政運営をしていくのか。地域が抱える課題は大きい。今日の課題は簡単に解決できないものが多い。

そうした課題に対しては、行政だけでなく、住民やボランティア、さらにNPO（非営利組織）などとともに、取り組んでいく必要がある。しかも、効率的に解決していくことも重要である。そこでは、地方政府が地方をどのように統治していくか、というローカル・ガバナンスが課題となる。さらに、地域の課題の中には、複数の自治体をまたいで解決しなければならないものもある。そうした広域的なローカル・ガバナンスの検討も必要である。

ローカル・ガバナンスで問われていることは、いかにして地域をうまく経営していくか、ということである。その場合、単に経済的な効率性を追求するだけでなく、行政の透明性、説明責任、責任の明確化などを図り、住民の合意を得ながら地域を経営していくことも忘れてはならない。

3　都市制度と都市問題

▶大都市制度

市町村合併の進展によって、日本の市町村の平均規模は人口も面積も従来よりも大きくなっている。特に人口規模の大きな都市が増加している。今日、大都市に関しては、「政令指定都市」、「中核市」などの制度がある。

▶政令指定都市

人口50万人以上の市で政令によって指定されたものを政令指定都市という［地方自治法第252条の19］。ただし、従来はおよそ100万人以上または100万人になる見込みの市を政令指定都市の運用上の人口要件としていた。政令指定都市はほぼ府県並みの行財政権限を有する。

政令指定都市が制度化された背景には、「特別市」制度を主張する大都市とそれに反対する道府県の戦前から続く対立があった。1947年に地方自治法が制定された際には、同法に「特別市」の項目があった。京都市、大阪市、横浜市、神戸市、名古屋市の五大都市は府県から独立して、特別市として府県と同じ事務を行うことを目指していた。それに対して大都市を抱える府県側は、大都市が独立すると税収が減ることなどが予想されることから、特別市構想に強く反対した。その妥協の産物として1956年の地方自治法改正によって「特別市」にかわって「指定都市」が創設された。

同年に指定された大阪、京都、横浜、名古屋、神戸の五大都市に加えて、1963年に北九州市、72年に川崎、札幌、福岡の3市が、80年に広島市、89年に仙台市、92年に千葉市、2002年にはさいたま市がそれぞれ政令指定都市に指定された。

また、2001年の大規模な合併に限って政令指定都市の人口要件が緩和（70万人程度）される特例によって、静岡市と清水市が合併してできた新「静岡市」が05年に政令指定都市に移行した。また大阪府堺市は06年に、07年に新潟市、静岡県浜松市が政令指定都市となった。その後、09年に岡山市、10年に神奈川県相模原市、12年に熊本市が政令指定都市となり、18年4月現在、20の政令指定都市がある。

▶ 中核市など

中核市は、1994年の地方自治法改正で創設された制度で、政令指定都市が処理することができる事務のうち、都道府県がその区域にわたり一体的に処理することが効率的な事務などを除いた、福祉、衛生、まちづくり等の事務を処理することができる。人口30万人以上の市が要件であったが、2014年に要件が緩和され、人口20万以上で、政令によって指定されるようになった。2018年4月1日現在、54の中核市がある。

なお、地方分権一括法に伴う地方自治法改正で導入された制度として「特例市」があった。人口が20万人以上の市が要件で、中核市に権限移譲されている事務のうち、特例市が処理するよりも都道府県が一体的に処理するほうがより効率的な事務を除き、特例市に対しても移譲しようとするもので、政令によって指定されていた。しかし、2014年の地方自治法改正によって特例市の制度は廃止され、人口20万以上に要件を緩和された中核市に統合された。ただし、2014年の改正時に特例市であった自治体のうち、31市は「施行時特例市」として存続している（2018年4月現在）。

▶ 秩序ある公共空間計画

1980年代の中曾根（康弘）内閣時代に「民間活力の導入」の名のもとで行われた都市開発とその後の「バブル崩壊」によって都市はより一層無秩序な姿を現すようになった。

もともと従来から都市を中心に、土地利用計画の縛りは弱く、公共の場であるにもかかわらず、一体性のない無秩序な空間が全国各地で見られる。この場合、公共の場というのは、単に役所や学校といった公的機関の建物や施設を指すだけではなく、普通の人々が通過し、目に触れ、接触できる場所を指す。その意味で、都市景観などは、まさに公共空間そのものである。魅力的な地域づくりは、まさに公共空間計画にかかっている。

自治体の中には、国に先駆けて「景観条例」を制定し、景観保護に取り組んできたところもある。こうした自治体の動きに対して、国でも2005年に景観法が全面施行され、景観問題に対して大きな役割を果たすようになった。

▶地方自治の直面する課題

住民が地方自治体に求めるものは、個々の住民によって異なるであろうし、また自治体の置かれている環境によっても異なるであろう。しかし、「安心・安全に暮らせる」という願いは、どこに住んでいてもすべての住民に共通しているといえよう。日本においても1990年代半ばくらいから、世界一安全であるといわれていた「安全神話」がゆらいでいる。また、地震や台風などの自然災害も多いことから、地域において安全に暮らせることは住民にとって最も関心のある事柄である。こうした災害から、自治体はいかに地域住民の安全を確保するのか、求められている。

その一方で、人口減少社会にあって、地方自治体の基盤を強化することが求められている。過疎地域は人口減少に歯止めがかからず、今後は都市においても人口が減ると予想されている。そのため、国の主導により地方創生（2014年）などのプロジェクトが唱えられている。しかし、それらは地方が自ら主導するのではなく、中央政府が全国的に行うプロジェクトであることから、結局、地方にとっては補助金を獲得するための手段にすぎず、地方の活性化には必ずしもつながらないのではないか、という指摘もある。

今日のような複雑な社会では、日常的に発生する問題についても行政の対応だけでは、人材面でも財政面でも限界がある。地域の課題を考え解決するには、行政にまかせるのではなく、住民が自分たちでできることは自分たちで処理するという「自律性」と「自立性」が求められている。結局は、私たち住民が地方自治を担っていくという気概を持ち続けることが大切であるといえよう。

［岡本三彦］

索 引

〔注〕見出し項目のうち、重要な用語・語彙・人名などを50音順
（アルファベットはローマ字読みで50音順）に掲載した。

◆あ行

赤字財政　204
アップルビー(ポール)　49
天川モデル　181
アリソンの3つのモデル　77
委員会　94
意見公募　159
意思決定のプログラム化　63
意思決定論　61
依存財源　200
インクリメンタリズム(漸変主義)　76
インフォーマル組織　60
ウィルソン(ウッドロー)　36
ウィロビー(W.F.)　42
ウェーバー(マックス)　65
運営統制　93
NPM[えぬぴーえむ]　＝ニュー・パブリック・
　マネジメント 209
大きな政府　167
オンブズマン制度　86
オンブズマン　188

◆か行

開示請求　162
科学的管理法　35
閣議　105
閣議決定　130
各省折衝　129
家産官僚制　66
価値前提　62
ガバナンス　210
監査委員　187
官房系統　120
官房3課　121
官吏　27
管理の原則　133
官僚　142
官僚人事　141, 143
官僚制　65
官僚制に対する民主的統制　70
官僚制の不合理性　68
官僚制優位論　145, 146
議院　94
議員　95
議員定数　183
議会　183
機械的能率観　43
議会による統制　85
議会の課題　184
議会の権限　184
技術的行政学　41
規制緩和　171, 173
機能的行政学　49, 55
機能的能率　50
機能別予算方式　74
キャリア　137
キャリアシステム　135
ギューリック(ルーサー)　43
行政　30, 36, 38
行政委員会　187
行政改革　209
行政学と政策学　73
行政学と政治学　11
行政学の知的危機　55

行政学の目的　13
「行政」概念　13
行政活動　147
行政関与　147, 150
行政機関　107, 171, 186
行政機関情報公開法　161
行政国家化現象　18
行政首長　101
行政手段　150
行政相談　164
行政大臣　100
行政統制　82, 157
行政文書　162
行政分野　147, 148
ギルバート(チャールズ)　82
近代官僚制　66
近代官僚制の構成条件　67
グットナウ(フランク)　38
経営学　40
経営管理としての「行政」　16
権威受容説　59
憲政　30
小泉改革　144
後期官房学　28
公共空間計画　212
控除説　14
公務員制度改革運動　34
合理性の限界　63
国際化　171
国民的指導者　100
護送船団方式　174
国家　29
国会　90
国会答弁作成過程　122
国家公務員の種類　131
国家公務員の人数　132
コントロールの危機　24

◆さ行

サービスの供給主体　186
歳出　201
財政の中央地方関係　203
歳入　198
裁判所による統制　86
財務省　126
サイモン(ハーバート)　48, 61
採用の原則　133
裁量主義　115
査定過程　126
参政権　189
三位一体の改革　204
事実前提　62
自主財源　199
システム分析　74
市政改革運動　34
自治会　196
自治体　183, 209
司法統制　86
市町村合併　205
市町村数の推移　206
執行　93
市民　157
市民社会　19
事務次官　116
社会　29
社会的能率　51
11省体制　113
自由主義国家　19
住民　189
住民参加　192
住民投票　193
シュタイン(ロレンツ・フォン)　29
首長　101, 185
首長の権限　186

省庁　142
省庁再編　171
情報公開　161
情報公開制度　88, 188
条例　184, 193
職階制　134, 136
所掌事務　149
人事騒動　142
審議会　160
スタッフ　46
請願　191
政権交代　170
政策科学　73
政策循環過程　76
政策評価　153
政策評価法　155
性質別歳出　203
政治　36, 38
政治的大臣　100
政治的被任命職　140
政治と行政の分離論　15
政治と行政の融合論　50
正統派行政学　47
政党優位論　146
政令指定都市　211
積極説　14
ゼッケンドルフ　27
前期官房学　27
組閣　99
組織原則　44
組織の定義　58

◆た行

ダール(ロバート)　47
代議制の危機　24
大衆社会　20
大臣　116
大臣政務官　116
大臣補佐官　116
大都市制度　211
第二次臨調　169
地域自治組織　196
小さな政府　167
地方財政　198
地方参政権　190
地方自治　175, 213
地方自治の意義　176
地方自治の歴史　177
地方自治体　181, 210
地方税制　201
地方政府　181
地方分権改革　179
中央政府　181
中核市　212
調整　44
町内会　196
直接請求制度　190
陳情　191
ドイツ官房学　26
道州制　208
統制　91
統制主体　90
統制手段　94, 95
統制手法　90
特殊法人改革　170
トップダウンアプローチ　79

◆な行

内閣　90, 98, 105, 107, 124
内閣官房　108
内閣人事局　145
内閣総理大臣　100, 102

内閣提出法案 128
内閣府 110, 114
内閣法制局 129
内部構造 117
内部部局 118
二元代表制 182
二重の駒型 139
人間関係学派 53
能率性 58
ノンキャリア 138

◆は行

バーナード(チェスター) 57, 61
パブリックコメント 159
パブリック・マネジメントとしての「行政」 16
PFI[ぴーえふあい]=プライベート・ファイナンス・イニシアティヴ 209
PPBS[ぴーぴーびーえす] 73
PPP[ぴーぴーぴー]=パブリック・プライベート・パートナーシップ 209
ファイナー(ハーマン) 83
ファイヨール(アンリ) 40
フォレット(M.P.) 54
福祉国家 21
副大臣 116
ブラウンロー委員会 43
フリードリッヒ(カール) 83
プリンシパル・エージェント理論 84
プルーラリズム(多元主義) 77
分業 44
変則キャリアシステム 137
法案作成 142
法案作成過程 128
法定主義 115
ホーソン実験 52
補助機関 186
POSDCoRB(ポスドコルブ) 45
ボトムアップアプローチ 80
ホワイト(D.) 42

◆ま行

民営化 173
民主的統制 70
民主党政権 144
目的別歳出 203

◆や行

役所 17
野党 95
誘因と貢献 59
有効性 58
ユスティ 28
予算編成過程 124
与党審査 129, 144

◆ら行

ライン 46
ラズウェル(ハロルド) 73
立法国家 23
猟官制 33
稟議制 121

◆わ行

ワルドー(ドワイト) 48

【編著者紹介】

風間 規男（かざま・のりお）　[1〜10章担当]
1963年生まれ
早稲田大学大学院政治学研究科博士課程修了（政治学博士）
現在　同志社大学政策学部教授
専攻　行政学、公共政策論
主要著書　『行政学の未来』（共著）成文堂

【執筆者紹介】

岡本 三彦（おかもと・みつひこ）　[20〜24章担当]
1962年生まれ
早稲田大学大学院政治学研究科博士課程修了（政治学博士）
現在　東海大学政治経済学部教授
専攻　行政学、地方自治論
主要著書　『現代スイスの都市と自治』早稲田大学出版部

中沼 丈晃（なかぬま・たけあき）　[15〜19章担当]
1971年生まれ
早稲田大学大学院政治学研究科博士課程単位取得退学
現在　摂南大学法学部教授
専攻　行政学、公共政策論
主要著書『国別行政改革事情』（共著）早稲田大学出版部

上﨑　哉（うえさき・はじめ）　[11〜14章担当]
1971年生まれ
早稲田大学大学院政治学研究科博士課程単位取得退学
現在　近畿大学法学部教授
専攻　行政学、住宅・都市政策
主要論文『ダイバーシティ時代の行政学――多様化社会における政策・制度研究』（共著）早稲田大学出版部

装丁＋図版作成　アトリエ・プラン

新版 行政学《ぎょうせいがく》の基礎《きそ》

2007年3月20日　初版第1刷発行
2018年9月10日　新版第1刷発行
2019年9月10日　新版第2刷発行

編著者　風間規男

発行者　菊池 公男
発行所　株式会社 一 藝 社
〒160-0014 東京都新宿区内藤町1-6
TEL.03-5312-8890
FAX.03-5312-8895
振替　東京　00180-5-350802
e-mail:info@ichigeisha.co.jp
HP:http://www.ichigeisha.co.jp

印刷・製本　シナノ書籍印刷株式会社

2018 Printed in Japan
ISBN978-4-86359-177-6 C3031